Bergener
Bürgerbegehren und Bürgerentscheide
in Niedersachsen

# Bürgerbegehren und Bürgerentscheide in Niedersachsen

## Rechtsrahmen und rechtspraktische Empfehlungen

von

Mick Bergener

KSV Medien

**Bibliografische Information der Deutschen Nationalbibliothek**
Die Deutsche Nationalbibliothek verzeichnet diese Publikation in der Deutschen Nationalbibliografie; detaillierte bibliografische Daten sind im Internet über http://dnb.dnb.de abrufbar.


Druck: CPI books

**ISBN 978-3-8293-1947-8**

# Vorwort

Themen, die durch Bürgerbegehren oder Vertretungsreferendum und darauffolgenden Bürgerentscheid entschieden werden, besitzen in Kommunen oftmals eine signifikante politische Relevanz. Besonders bei kassatorischen Anliegen besteht ein inhärentes Spannungsverhältnis zwischen Bürgerschaft und Kommune. Beide Akteure haben gemeinsam, dass sie oftmals nicht über einschlägige Praxiserfahrungen verfügen.

Das Ziel dieses Werks besteht darin, die rechtlichen Rahmenbedingungen in Niedersachsen detailliert darzustellen und rechtspraktische Empfehlungen bereitzustellen, um Bürgerbegehren und Bürgerentscheide konform mit dem Recht umzusetzen. Hierbei stehen insbesondere die Voraussetzungen im Fokus, die von den Initiatoren eingehalten werden müssen. Des Weiteren wird analysiert, welche Kriterien die Kommunen berücksichtigen sollten. Abschließend erfolgt eine Abwägung der Vor- und Nachteile und es werden Reformoptionen skizziert, um die Gesetzgebung so zu modifizieren, dass die Rechtspraxis hiervon profitiert.

Die Analyse verdeutlicht, dass diverse Detailbestimmungen zu berücksichtigen sind. Es existiert zwar ein Risiko von Frustration bei den engagierten Bürgern[1], dieses kann jedoch in hohem Maße reduziert werden, um die Bürgerbeteiligung lokal zu verbessern. Ein Grundpfeiler ist die profunde Kenntnis über die gegenwärtige Rechtslage.

Vor diesem Hintergrund möchte ich mich bei Prof. Dr. Hendrik Lackner und Prof. Dr. Arne Pautsch für die Betreuung der diesem Werk zugrundeliegende Master-Thesis und die Möglichkeit der Publikation bedanken.

Mick Bergener — Hannover, Januar 2024

1 Aus Gründen der besseren Lesbarkeit wird in dieser Arbeit die Sprachform des generischen Maskulinums angewandt. Dieses ist im Sinne der sprachlichen Vereinfachung als geschlechtsneutral zu verstehen.

## Inhalt

# Schrifttum

*Bätge, Frank (2021):* Bürgerbegehren und Bürgerentscheide im Spiegel der aktuellen Rechtsprechung. In: Heußner, Hermann K.; Pautsch, Arne; Wittreck, Fabian [Hrsg.]: Direkte Demokratie. Festschrift für Otmar Jung. Stuttgart. Richard Boorberg Verlag. S. 387 – 410.

Bergische Universität Wuppertal (2023): Datenbank Bürgerbegehren. Bürgerbegehren 11722. Online verfügbar unter https://www.datenbank-buergerbegehren.info/initiative/detail?id=11722, zuletzt geprüft am 27.11.2023.

*Blum, Peter; Baumgarten, Torsten; Freese, Herbert et al. (2022):* Niedersächsisches Kommunalverfassungsgesetz (NKomVG). Kommentar. 22. Fassung. Wiesbaden. Kommunal- und Schul-Verlag.
Zit.: Bearb. in PdK-Nds.

*Blum, Peter; Meyer, Hubert (2023):* Niedersächsisches Kommunalverfassungsgesetz. 6. Auflage. Wiesbaden. KSV Medien.
Zit.: Bearb. in BM.

*Bogumil, Jörg; Holtkamp, Lars (2013):* Kommunalpolitik und Kommunalverwaltung. Eine praxisorientierte Einführung. Bonn. Bundeszentrale für politische Bildung.

*Borchert, Hartmut; Dehn, Klaus-Dieter; Schliesky, Utz et al. (2022):* Gemeindeordnung für Schleswig-Holstein. Gemeindeordnung – GO – Kommentar. Wiesbaden. Kommunal- und Schul-Verlag.
Zit.: Bearb. in KVR-SH.

*Bösche, Ernst-Dieter (2022):* Einmischen! Drei Wege zum Ziel: Anregungs- und Beschwerderecht, Einwohnerantrag, Bürgerbegehren nach der GO NRW. In: Verwaltungsrundschau 2/2022. S. 44 – 50.

*Brettschneider, Frank (2016):* Erfolgsbedingungen für Kommunikation und Bürgerbeteiligung bei Großprojekten. S. 219 – 238. In:

Glaab, Manuela [Hrsg.]: Politik mit Bürgern – Politik für Bürger: Praxis und Perspektiven einer neuen Beteiligungskultur. Wiesbaden. SpringerVS.

*Brockmann, Nils A.; Holtkamp, Lars; Noe, Torsten (2016):* Direktdemokratische Hochburgen in Deutschland. Acht Fallstudien auf lokaler Ebene. S. 63 – 206. In: Holtkamp, Lars [Hrsg.]: Direktdemokratische Hochburgen in Deutschland. Zur Vereinbarkeit von Konkurrenz- und Konkordanzdemokratie. Wiesbaden. Springer VS.

*Burgi, Martin; Wolff, Daniel (2021):* Repräsentative und plebiszitäre Demokratie auf Kommunalebene: Ordnungsbedarf im Konkurrenzverhältnis. S. 21 – 40. In: Hartmann, Bernd J. [Hrsg.]: Bürger versus Bürgermeister? Demokratie in Stadt und Land. 31. Bad Iburger Gespräche.

*Dietlein, Johannes; Heusch, Andreas (2023):* BeckOK Kommunalrecht Nordrhein-Westfalen. Kommentar. 24. Edition. München. C.H.Beck.
Zit.: Bearb. in BeckOK-NRW.

*Dietlein, Johannes; Mehde, Veith (2023):* BeckOK Kommunalrecht Niedersachsen. Kommentar. 26. Edition. München. C.H.Beck.
Zit.: Bearb. in BeckOK-Komr.

*Dietlein, Johannes; Ogorek, Markus (2023)*: BeckOK Kommunalrecht Hessen. Kommentar. 23. Edition. München. C.H.Beck.
Zit.: Bearb. in BeckOK-Hess.

*Durinke, Peter; Fiedler, Caroline (2012):* Zulässigkeit und Grenzen von Bürgerbegehren und Bürgerentscheiden in der Bauleitplanung. In: ZfBR 2012. S. 531 – 537.

*Dustmann, Ulrike (2000)*: Die Regelung von Bürgerbegehren und Bürgerentscheid in den Kommunalverfassungen der Flächenstaaten der Bundesrepublik Deutschland. Frankfurt am Main. Internationaler Verlag der Wissenschaften.

*Eyermann, Erich (2022):* VwGO – Verwaltungsgerichtsordnung. Kommentar. 16. Auflage. München. C.H.Beck.
Zit.: Bearb. in Eyermann.

*Freese, Herbert; Schwind, Joachim (2016):* Landesregierung legt Entwurf zur Novelle des NKomVG vor. In: NLT 01/2016. S. 15 – 20.

*Gabriel, Oscar W. [Hrsg.] (1982):* Bürgerbeteiligung und kommunale Demokratie. München. Minerva.

*Hartmann, Bernd J. (2023):* Kommunalrecht. S. 244 – 323. In: Hartmann, Bernd J.; Mann, Thomas; Mehde, Veith [Hrsg.]: Landesrecht Niedersachsen. Studienbuch. 4. Auflage. Baden-Baden. Nomos.

*Hartmann, Bernd J. [Hrsg.] (2021):* Bürger versus Bürgermeister? Demokratie in Stadt und Land. 31. Bad Iburger Gespräche.

*Hartmann, Bernd J. (2005):* Volksgesetzgebung und Grundrechte. Berlin. Duncker & Humblot.

*Hartmann, Bernd J.; Mann, Thomas; Mehde, Veith [Hrsg.] (2023):* Landesrecht Niedersachsen. Studienbuch. 4. Auflage. Baden-Baden. Nomos.

*Hartmann, Bernd J.; Simon, Erika (2023):* Bürgerbegehren und Bürgerentscheid nach den Änderungen des NKomVG. In: NdsVBl. 06/2023. S. 161 – 166.

heide kurier am Sonntag (2021): Bürgerbegehren: Kein Mediationsverfahren. Kreisausschuss macht Initiatoren ein Angebot, diese lehnen dankend ab. In: heide kurier Nr. 7/42 v. 24.01.2021.

*Herbel, Ilona C. (2003):* Unmittelbare Bürgerbeteiligung in Sachentscheidungen auf Landes- und Kommunalebene in Baden-Württemberg. Hamburg. Verlag Dr. Kovač.

*Herzog, Roman; Scholz, Rupert; Herdegen, Matthias [Hrsg.] (2023):* Grundgesetz. Kommentar. 100. Auflage. München. C.H.Beck.
Zit.: Bearb. in Dürig/Herzog/Scholz.

*Heusch, Andreas; Dickten, Franziska (2020):* Neue Rechtsprechung im Kommunalrecht. In: NVwZ 2020. S. 358 – 366.

*Heußner, Hermann K.; Pautsch, Arne; Wittreck, Fabian [Hrsg.] (2021):* Direkte Demokratie. Festschrift für Otmar Jung. Stuttgart. Richard Boorberg Verlag.

*Holtkamp, Lars [Hrsg.] (2016):* Direktdemokratische Hochburgen in Deutschland. Zur Vereinbarkeit von Konkurrenz- und Konkordanzdemokratie. Wiesbaden. Springer VS.

*Hotstegs, Robert (2011):* Befangene Bürger im Rat?! Zur Befangenheit von Ratsmitgliedern in Bezug auf kommunale Bürgerbegehren. In: KommP Wahlen 02/2011. S. 88 – 91.

*Huber, Peter M.; Voßkuhle, Andreas [Hrsg.] (2018):* Grundgesetz. Kommentar. 7. Auflage. München. C.H.Beck.
Zit.: Bearb. in v. Mangoldt/Klein/Stark.

*Ipsen, Jörn (2011):* Niedersächsisches Kommunalverfassungsgesetz. Kommentar. Stuttgart. Richard Boorberg Verlag.
Zit.: Bearb. in Ipsen.

*Jarass, Hans D.; Pieroth, Bodo (2022*): Grundgesetz für die Bundesrepublik Deutschland. GG. Kommentar. 17. Auflage. München. C.H. Beck.
Zit.: Bearb. in Jarass/Pieroth.

*Katz, Andreas (2009):* Entwicklung des Rechts und der politischen Praxis der direkten Bürgerbeteiligung. In: VBlBW 2009. S. 373 – 378.

*Kemper, Hanna; Lüken, Lisa (2021):* Diskussionsbericht (2. Teil). S. 40 – 53. In: Hartmann, Bernd J. [Hrsg.]: Bürger versus Bürgermeister? Demokratie in Stadt und Land. 31. Bad Iburger Gespräche.

*Kersting, Norbert (2004):* Die Zukunft der lokalen Demokratie. Modernisierungs- und Reformmodelle. Frankfurt a. Main. Campus Verlag.

*Kramer, Urs; Cosovic, Ana (2016):* Bürgerbegehren gegen die kommunale Finanzierungsbeteiligung am Projekt »Stuttgart 21« – zugleich Besprechung des Urteils des VGH Mannheim v. 21.04.2015, DVBl 2015, 843 ff. In: DVBl. 09/2016. S. 525 – 534.

*Lackner, Stephanie (1999):* Willensbildungsprozesse im Rahmen von Bürgerentscheiden. S. 69 – 116. In: Schiller, Theo [Hrsg.]: Direkte Demokratie in Theorie und kommunaler Praxis. Frankfurt am Main/New York. Campus Verlag.

LfD (2023): Infoblatt: Datenschutz bei Unterschriftenaktionen. Online verfügbar unter https://lfd.niedersachsen.de/download/192637/Infoblatt_Datenschutz_bei_Unterschriftenlisten_Stand_Februar_2023_PDF_-_nicht_vollstaendig_barrierefrei_.pdf, zuletzt geprüft am 27.11.2023.

Mehr Demokratie e.V. (2023): Bürgerbegehrensbericht 2023. Berlin.

Mehr Demokratie e.V. (2021): Volksentscheidsranking 2021. Berlin.

Mehr Demokratie e.V. (2020): Für Neubau des Heidekreis-Klinikums (HKK) in Dorfmark. Datenbank Bürgerbegehren. Online verfügbar unter https://t1p.de/3xh29, zuletzt geprüft am 27.11.2023.

*Neelen, Antje (2021):* Diskussionsbericht (1. Teil). S. 13 – 20. In: Hartmann, Bernd J. [Hrsg.]: Bürger versus Bürgermeister? Demokratie in Stadt und Land. 31. Bad Iburger Gespräche.

*Nierth, Claudine (2020):* Bürgerbeteiligung und direkte Demokratie ergänzen sich sinnvoll. In: Mehr Demokratie, die Grundlagen. S. 34.

*Notbohm, Robert (2018):* Bürgerbegehren und Bürgerentscheid nach der NKomVG-Novelle 2016 – eine wirkungsvolle Stärkung unmittelbarer Demokratie. In: NdsVBl. 03/2018. S. 65 – 70.

OKJ (2015): Weitere Unterschriften-Sammlung in Aurich. Online verfügbar unter http://ostfriesisches-klinik-journal.org/2015/

03/weitere-unterschriften-sammlung-in-aurich/, zuletzt geprüft am 27.11.2023.

*Rehmet, Frank (2016):* Themenpapier 26. Bürgerbegehren und Bauleitplanung. Berlin. Mehr Demokratie e.V.

*Ritgen, Klaus (2007):* Bürgerbegehren und Bürgerentscheid in den Jahren 2005 und 2006. In: KommJur 2007. S. 288 – 291.

*Ritgen, Klaus (2000):* Zu den thematischen Grenzen von Bürgerbegehren und Bürgerentscheid. In: NVwZ 02/2000. S. 129 – 136.

*Roth, Maximilian (2019):* Zur rechtlichen Stellung von Vertrauensleuten eines Bürgerbegehrens. In: NVwZ 2019. S. 1419 – 1422.

*Schellenberger, Jens (2020):* Bürgerbegehren und Bürgerentscheid in Baden-Württemberg. Eine Bestandsaufnahme sowie Reformvorschläge zu § 21 GemO. Berlin. Duncker & Humblot.

*Schiller, Theo [Hrsg.] (1999):* Direkte Demokratie in Theorie und kommunaler Praxis. Frankfurt am Main/New York. Campus Verlag.

*Schmidt, Christopher (2021):* Anmerkung von Professor Dr. Christopher Schmidt zu Einstweilige Anordnung auf Zulassung eines Bürgerbegehrens. OVG Lüneburg, Beschl. v. 02.03.2021, Az. 10 ME 14/21. In: NVwZ 2021. S. 582 – 584.

*Schmidt, Christopher (2021):* Bürgerbegehren in Bayern. Planung, Durchführung und Erfolg. Wiesbaden. Kommunal- und Schul-Verlag.

*Schoch, Friedrich (2014):* Bürgerbegehren und Bürgerentscheid im Spiegel der Rechtsprechung. Rechtsprechungsentwicklung. In: NWvZ 2014. S. 1473 – 1482.

*Schwind, Joachim (2022):* NKomVG-Novelle 2021: Routine-Werkstatttermin mit teilweise noch offenen Wartungsaufträgen. In: NdsVBl. 03/2022. S. 65 – 75.

*Schwind, Joachim (2021):* Bürgerbegehren und Bürgerentscheid in Niedersachsen. In: NdsVBl. 03/2021. S. 71 – 75.

*Seybold, Jan (2022):* Es ist diesmal besser, hybrid zu tagen als gar nicht zu tagen – Vorwort zum Tagungsband für den NSI-Kongress Kommunalrecht 2021. S. 7 – 20. In Seybold, Jan [Hrsg.]: 9. Niedersächsischer Kommunalrechtskongress. Tagungsband. Hamburg. Maximilian Verlag.

*Seybold, Jan [Hrsg.] (2022):* 9. Niedersächsischer Kommunalrechtskongress. Tagungsband. Hamburg. Maximilian Verlag.

*Seybold, Jan (2021):* Bürgerbegehren und Bürgerentscheide im Kontext der Historie mit einem umfassenden Ländervergleich. In: Heußner, Hermann K.; Pautsch, Arne; Wittreck, Fabian [Hrsg.]: Direkte Demokratie. Festschrift für Otmar Jung. Stuttgart. Richard Boorberg Verlag. S. 349 – 386.

*Seybold, Jan (2018):* Chancen und Risiken von Bürgerbegehren und Bürgerentscheiden – Untersuchung anlässlich der Reform des niedersächsischen Kommunalrechts zum 1. November 2016. In: DÖV. S. 293 – 302.

*Seybold, Jan; Neumann, Wolfgang; Weidner-Toman, Frank (2022):* Niedersächsisches Kommunalrecht. 7. Überarbeitete Auflage. Hamburg. Maximilian Verlag.

SPD Landesverband Niedersachsen u. Bündnis90/Die Grünen Niedersachsen (2022): Sicher in Zeiten des Wandels. Niedersachsen zukunftsfest und solidarisch gestalten. Koalitionsvertrag zwischen der SPD Landesverband Niedersachsen und Bündnis90/Die Grünen Niedersachsen. 2022 – 2027. Hannover.

*Spies, Ute (1999):* Bürgerversammlung, Bürgerbegehren, Bürgerentscheid. Stuttgart. Richard Boorberg Verlag.

*Steinmetz, Markus (2022):* Die Reform des Niedersächsischen Kommunalverfassungsgesetzes im Jahr 2021. S. 20 – 43. In

Seybold, Jan [Hrsg.]: 9. Niedersächsischer Kommunalrechtskongress. Tagungsband. Hamburg. Maximilian Verlag.

*Thiele, Robert (2017):* Niedersächsisches Kommunalverfassungsgesetz. Kommentar. 2. überarbeitete Auflage. Stuttgart. Kohlhammer.
Zit.: Bearb. in Thiele.

*Wefelmeier, Christian (2014):* Verzicht auf den Kostendeckungsvorschlag beim Bürgerbegehren. In: NdsVBl. 10/2014. S. 272 – 278.

*Windhoff-Heritier, Adrienne (1982):* Partizipation und Politikinhalte: Voraussetzungen und Folgen direktdemokratischer Bürgerbeteiligung im kommunalen Entscheidungsprozess. S. 305 – 337. In: Gabriel, Oscar W. [Hrsg.]: Bürgerbeteiligung und kommunale Demokratie. München. Minerva.

*Wittkop, Stefan (2018):* Bürgerentscheid (§ 33 NKomVG). In: NST-N 04/2018. S. 5 – 10.

*Zuck, Rüdiger (2017):* Das Recht der Verfassungsbeschwerde. 5. Auflage. München. Beck C.H.

## Abkürzungen

| | |
|---|---|
| a. A. | andere Auffassung |
| a. F. | alte Fassung |
| BauGB | Baugesetzbuch |
| BayVBl. | Bayerische Verwaltungsblätter |
| BbgKVerf | Kommunalverfassung des Landes Brandenburg |
| BeckRS | Beck-Rechtsprechung |
| BGB | Bürgerliches Gesetzbuch |
| BVerfG | Bundesverfassungsgericht |
| BVerfGG | Bundesverfassungsgerichtsgesetz |
| BW GemO | Gemeindeordnung für Baden-Württemberg |
| DÖV | Die Öffentliche Verwaltung |
| DSGVO | Datenschutz-Grundverordnung |
| GG | Grundgesetz für die Bundesrepublik Deutschland |
| Hess. VGH | Hessischer Verwaltungsgerichtshof |
| KommJur | Kommunaljurist |
| KommP Wahlen | KommunalPraxis Wahlen |
| LfD | Die Landesbeauftragte für den Datenschutz Niedersachsen |
| LT-Drs. | Landtagsdrucksache |
| MI | Niedersächsisches Ministerium für Inneres und Sport |
| N. V. | Niedersächsische Verfassung |
| Nds. AG SGB VIII | Niedersächsisches Gesetz zur Ausführung des Achten Buchs des Sozialgesetzbuchs |
| Nds. GVBl. | Niedersächsisches Gesetz- und Verordnungsblatt |
| Nds. Rpfl. | Niedersächsische Rechtspflege |

| | |
|---|---|
| NdsVBl. | Niedersächsische Verwaltungsblätter |
| NJG | Niedersächsisches Justizgesetz |
| NJW | Neue Juristische Wochenschrift |
| NKAG | Niedersächsisches Kommunalabgabengesetz |
| NKomVG | Niedersächsisches Kommunalverfassungsgesetz |
| NKWG | Niedersächsisches Kommunalwahlgesetz |
| NLT | Niedersächsischer Landkreistag |
| NLWG | Niedersächsisches Landeswahlgesetz |
| NordÖR | Zeitschrift für Öffentliches Recht in Norddeutschland |
| NST-N | Niedersächsischer Städtetag Nachrichten |
| NVwVfG | Niedersächsisches Verwaltungsverfahrensgesetz |
| NVwZ | Neue Zeitschrift für Verwaltungsrecht |
| NVwZ-RR | Neue Zeitschrift für Verwaltungsrecht Rechtsprechungs-Report |
| NWVBl. | Nordrhein-Westfälische Verwaltungsblätter |
| OKJ | Ostfriesisches Klinik Journal |
| SächsGemO | Sächsische Gemeindeordnung |
| SächsVerfGH | Verfassungsgerichtshof des Freistaates Sachsen |
| SPD | Sozialdemokratische Partei Deutschlands |
| VBlBW | Verwaltungsblätter für Baden-Württemberg |
| VwGO | Verwaltungsgerichtsordnung |
| VwVfG | Verwaltungsverfahrensgesetz |
| ZfBR | Zeitschrift für deutsches und internationales Bau- und Vergaberecht |

# 1. Einleitung

## 1.1 Ausgangslage

Kommunale Bürgerbegehren verzeichnen in Niedersachsen eine junge Historie. Die gesetzliche Regelung, die solch direktdemokratische Entscheidungen auf kommunaler Ebene ermöglicht, wurde 1996 in Niedersachsen implementiert.[2] Bis zum 31.12.2022 wurden in Niedersachsen insgesamt 453 Bürgerbegehren initiiert, von denen 140 zu einem Bürgerentscheid führten.[3] 38 % der eingereichten Bürgerbegehren wurden aufgrund ihrer Unzulässigkeit zurückgewiesen.[4]

Der Gesetzgeber passte die rechtlichen Grundlagen im Laufe der Zeit mehrfach an, um ein ausgewogenes Verhältnis zwischen politischer Legitimation einerseits und den Anforderungen zur erfolgreichen Initiierung eines Bürgerbegehrens andererseits zu gewährleisten.[5] Im nationalen Volksentscheidranking 2021 von „Mehr Demokratie e.V." rangiert Niedersachsen auf dem 13. Platz in der Kategorie der kommunalen Bürgerbegehren und -entscheide. Dieser Index bewertet die Bürgerfreundlichkeit basierend auf den gesetzlichen Bestimmungen. Niedersachsen erhielt die Schulnote 3,8 und hat sich durch die Reform von 2016 um 0,5 Notenpunkte verbessert.[6] Obwohl das Gesetzgebungsorgan die Anforderungen im zeitlichen Verlauf tendenziell reduzierte, erweiterte es mit der Gesetzesänderung vom 01.11.2021 den Negativkatalog, das heißt, es

---

2 Siehe § 22b der Niedersächsischen Gemeindeordnung (außer Kraft) für die Regelung auf Gemeindeebene. Am 17. Dezember 2010 wurde das Kommunalrecht im NKomVG zusammengeführt (Nds. GVBl. S. 576).

3 Vgl. Mehr Demokratie e.V., 2023, S. 14.

4 Vgl. Mehr Demokratie e.V., 2023, S. 25.

5 Vgl. Burgi u. Wolff, 2021, S. 21, welche von einem „legislativen Finetuning" sprechen.

6 Vgl. Mehr Demokratie e.V., 2021, S. 37.

wurde ein zusätzlicher Themenausschluss eingeführt. Seitdem sind Bürgerbegehren, die die Krankenhaus- oder Rettungsdienstplanung betreffen, unzulässig. Diese Änderung wurde im vorgenannten Ranking bisher nicht berücksichtigt. Schon vor diesem Ausschluss bewertete „Mehr Demokratie e.V." den Negativkatalog in Niedersachsen mit der Schulnote „5+", kritisierte ihn also aus Sicht der Bürgerfreundlichkeit vehement.[7]

Die niedersächsische Landesregierung kündigte im Koalitionsvertrag bereits weitere Änderungen an und beabsichtigt, die Hürden für Bürgerbegehren zu senken und die Optionen einer gesteigerten Transparenz in der Finanzierung von Bürgerbegehren zu prüfen.[8]

Zusätzlich zu den häufigen Anpassungen der gesetzlichen Voraussetzungen erschwert die fehlende Praxiserfahrung der Initiatoren von Bürgerbegehren sowie der zuständigen Verwaltungsbehörden den Einsatz dieser direktdemokratischen Instrumente. Im Durchschnitt erfolgt in jeder Kommune in Niedersachsen alle 58 Jahre ein solches Verfahren.[9]

Die Debatten – teilweise abhängig von der zugrunde liegenden Sachfrage – werden oft emotional geführt und erlangen in der lokalen und regionalen Presse, bei spezifischen Themen sogar überregional, erhebliche Beachtung.

Entscheidungen auf kommunaler Ebene sind für die Bürger oftmals „spürbarer" und damit relevanter als abstrakte Entscheidungen auf Bundes- oder Landesebene. Dies intensiviert das Interesse am politischen Diskurs und den Wunsch, aktiv am Diskurs teilzunehmen, Entscheidungen zu beeinflussen oder selbst zu treffen.

---

7 Vgl. Mehr Demokratie e.V., 2021, S. 37.

8 Vgl. SPD Landesverband Niedersachsen u. Bündnis90/Die Grünen Niedersachsen, 2022, S. 97.

9 Vgl. Mehr Demokratie e.V., 2023, S. 19. Der Bericht benennt ausdrücklich Bürgerbegehren pro Gemeinde, erklärt aber dazu, dass in Bundesländern ohne Bürgerbegehren auf Kreisebene die Landkreise nicht berücksichtigt wurden. Dementsprechend bezieht sich die Kennzahl auf alle Kommunen in Niedersachsen.

Das Scheitern eines Bürgerbegehrens aus formellen Gründen kann daher zu erheblicher Frustration unter dessen Unterstützern führen.

Vor diesem Hintergrund gewinnt das Verständnis der aktuellen Rechtslage und deren rechtssichere Anwendung durch alle Beteiligten immens an Bedeutung. Um dieser Signifikanz und den praxisbezogenen Herausforderungen gerecht zu werden, wird diese wissenschaftliche Abhandlung den rechtlichen Rahmen für Bürgerbegehren und Bürgerentscheide in Niedersachsen ausführlich untersuchen und praxisorientierte Empfehlungen für eine effiziente Durchführung dieser Beteiligungsprozesse bereitstellen. Im Zentrum der Analyse stehen die materiell-rechtlichen Voraussetzungen für die Zulässigkeit von Bürgerbegehren, da in dieser Phase in der Praxis die meisten Divergenzen auftreten.

## 1.2 Inhaltliche Konzeption der Arbeit

Zunächst erfolgt eine initiale Begriffsbestimmung für Bürgerbegehren und Bürgerentscheide in Niedersachsen in Kapitel 2. Dies beinhaltet die Abgrenzung der verschiedenen Möglichkeiten der Bürgerbeteiligung. Anschließend steht der verfassungsrechtliche Kontext im Fokus des Kapitels 3, der für die Interpretation und Einordnung der gesetzlichen Vorschriften essenziell ist.

Kapitel 4 widmet sich den juristischen Kriterien für ein erfolgreiches Bürgerbegehren und bildet den Schwerpunkt dieser wissenschaftlichen Arbeit. Hierbei werden sowohl formale als auch inhaltliche Anforderungen eines Bürgerbegehrens intensiv behandelt. Zudem erhalten die Aufgaben, Handlungsoptionen und Entscheidungsprozesse der Kommunen besondere Beachtung, um eine rechtlich korrekte und zielgerichtete Bearbeitung des Bürgerbegehrens sicherzustellen. Ebenso werden politische Handlungsoptionen identifiziert und die rechtliche Wirkung eines erfolgreichen Begehrens erörtert. Nach einer umfassenden Darstellung des Verfahrensablaufs werden schließlich besonders praxisrelevante Aspekte des Rechtsschutzes thematisiert.

Im Kapitel 5 wird die reguläre Konsequenz eines erfolgreichen Bürgerbegehrens thematisiert: der Bürgerentscheid. Hierbei wird die in Niedersachsen kürzlich implementierte Option eines Vertretungsreferendums innerhalb des kommunalpolitischen Systems betrachtet. Zur Gewährleistung einer rechtskonformen Durchführung des Bürgerentscheids werden zentrale Voraussetzungen herausgearbeitet und praktische Anleitungen gegeben. Sowohl Kommunen als auch Initiatoren erhalten Einblicke in die Grenzen und Pflichten ihrer Meinungsäußerung. Schließlich werden die Prozesse bei der Implementierung des Bürgerentscheids diskutiert und die rechtlichen Folgen des Bürgerentscheids beleuchtet. Zudem wird auf relevante Aspekte des Rechtsschutzes eingegangen.

Nach der detaillierten Untersuchung von Bürgerbegehren und Bürgerentscheiden erfolgt in Kapitel 6 eine kritische Betrachtung der Vor- und Nachteile dieser direktdemokratischen Instrumente. Abschließend werden in Kapitel 7 rechtspolitische Überlegungen zu potenziellen legislativen Reformen vorgestellt, bevor diese wissenschaftliche Arbeit mit Kapitel 8 in einem abschließenden Fazit gipfelt.

## 1.3 Vorgehensweise und Methodik

Die Masterarbeit wurde mittels Desk Research verfasst. Zur Erfassung des rechtlichen Rahmens für Bürgerbegehren und Bürgerentscheide in Niedersachsen erfolgte eine Analyse relevanter rechtlicher Grundlagen. Dies beinhaltete sowohl die Untersuchung einschlägiger Fachliteratur als auch die Konsultation gerichtlicher Entscheidungen. Zu diesem Zweck wurden verschiedene rechtswissenschaftliche Bibliotheken in Hannover und Osnabrück herangezogen, während spezifische Literatur über die Online-Datenbank der Hochschule Osnabrück bezogen wurde.

Die Judikaturrecherche erfolgte durch die Nutzung der Rechtsdatenbanken Beck-Online, juris und openJur. In der Vergangenheit kam den Gerichtsentscheidungen eine signifikante Rolle bei der Klärung legislativer Interpretationsfragen zu.

Die herangezogene Fachliteratur und Beiträge konzentrieren sich vornehmlich auf Bürgerbegehren und Bürgerentscheide. Zur generellen Einordnung wurden zudem Quellen zum Thema „Direkte Demokratie" konsultiert. Um die jüngste Novelle der Regelungen im Niedersächsischen Kommunalverfassungsgesetz (NKomVG) im Jahr 2021 zu bewerten, erfolgte ein Rückgriff auf Fachbeiträge zu Rechtslagen in anderen Bundesländern mit vergleichbaren Bestimmungen. Ebenso wurde eine intensive Beschäftigung mit den legislativen Materialien vorgenommen.

Für eine praxisnahe Einordnung dienten die aktuellen Berichte des „Mehr Demokratie e.V." sowie die zugrunde liegende, öffentlich zugängliche „Datenbank Bürgerbegehren"[10]. Diese Datenbank entsteht in Zusammenarbeit zwischen „Mehr Demokratie e.V.", dem Institut für Demokratie- und Partizipationsforschung der Bergischen Universität Wuppertal und der Forschungsstelle Bürgerbeteiligung und Partizipationsforschung der Philipps-Universität Marburg. Als Citizen Science-Projekt können auch Einzelpersonen Beiträge einreichen.[11]

Zusätzlich fließen die Erfahrungen des Autors als Mitarbeiter in der Kommunalaufsicht im MI in den Umgang mit Bürgerbegehren und Bürgerentscheiden in Niedersachsen ein. Dies dient dem Ziel, rechtliche Praxisaspekte hervorzuheben und praxisorientierte Empfehlungen zu formulieren.

10 Siehe Bergische Universität Wuppertal, https://www.datenbank-buergerbegehren.info/.

11 Vgl. Mehr Demokratie e.V., 2023, S. 9.

## 2. Begriffsbestimmung

Die einleitenden Ausführungen erläutern die zentralen Konzepte und grenzen diese von anderen Formen der Partizipation ab, die in einem summarischen Überblick präsentiert werden.

Ein Bürgerbegehren im Sinne des § 32 Abs. 1 NKomVG ermöglicht es, dass die Bürger einer Kommune über eine Angelegenheit innerhalb ihrer Kommune eine Entscheidung herbeiführen können. In Niedersachsen sind Bürgerbegehren dementsprechend nicht nur auf Gemeindeebene möglich, sondern gemäß § 1 Abs. 1 NKomVG auch in Samtgemeinden, Landkreisen und der Region Hannover. Die angestrebte inhaltliche Entscheidung ist gemäß § 32 Abs. 3 Satz 1 NKomVG so zu formulieren, dass diese sowohl befürwortet (Ja) als auch abgelehnt (Nein) werden kann. Das Bürgerbegehren bildet den ersten Schritt in einem zweiphasigen Prozess. Der darauffolgende Bürgerentscheid stellt die zweite Stufe dar und ergibt sich aus einem rechtmäßigen Bürgerbegehren.[12] Gemäß § 32 Abs. 7 Satz 4 NKomVG muss die Abstimmung innerhalb eines Zeitraums von drei Monaten stattfinden.[13] Das Pendant auf Landesebene sind Volksbegehren und Volksentscheide.

Neben der Initiation durch die Bürgerschaft kann auch die Vertretung – etwa der Rat in Gemeinden gemäß § 7 Abs. 1 in Verbindung mit § 7 Abs. 2 Nr. 1 NKomVG – einen Bürgerentscheid mit einer Zweidrittelmehrheit gemäß § 33 Abs. 1 Satz 1 NKomVG initiieren. Für das neu geschaffene „Top-down-Referendum" hat der Gesetzgeber keinen spezifischen Terminus eingeführt.[14] In dieser Abhandlung wird der Ausdruck „Vertretungsreferendum" für diesen Prozess verwendet. Die etablierte Bezeichnung „Ratsreferendum" erweist sich als unpräzise, da dieser Begriff auf eine Beschränkung

12 Vgl. Hartmann, 2023, S. 278.

13 Nur wenn die Sonderregelungen für epidemische Lagen gilt, kann die Frist auf maximal sechs Monate verlängert werden, § 182 Abs. 1, 3 NKomVG.

14 Vgl. Steinmetz, 2022, S. 31.

auf Gemeinden hindeutet.[15] Der Überbegriff „Vertretungsreferendum“ findet auch auf Entscheidungen auf Kreis- und Regionsebene Anwendung. Der verbreitete Begriffsteil „Begehren“ ist in diesem Kontext ungeeignet, da dieser einen Antrag oder eine Forderung impliziert, während die Vertretung allein darüber entscheidet, ob die Sachfrage durch die Bürgerschaft geklärt wird.[16]

Bürgerbegehren und -entscheide sind nicht die alleinigen Wege zur Bürgerpartizipation in kommunalen Entscheidungen. Die Partizipationsmöglichkeiten im politischen Diskurs beginnen grundlegend: In einer repräsentativen Demokratie haben Bürger das Recht zur Wahl, das für Kommunalwahlen in Niedersachsen gemäß § 48 NKomVG gesetzlich geregelt ist.[17]

Es existieren jedoch auch andere Formen der politischen Einbindung. Diese ermöglichen Bürgern ebenso an kommunalen Entscheidungen teilzuhaben und politische Ziele auf lokaler Ebene umzusetzen.

Mittels eines Einwohnerantrags gemäß § 31 Abs. 1 Satz 1 NKomVG kann eine Angelegenheit in der Vertretung zur Beratung gestellt werden. Qualifizierte Einwohner, jene, die mindestens 14 Jahre alt sind und seit drei Monaten in der Kommune wohnen, haben das Recht dazu. Ein erfolgreicher Einwohnerantrag führt zu einer Beratungspflicht, jedoch nicht zu einer zwingenden Entscheidung.[18]

Mittels einer Einwohnerbefragung gemäß § 35 NKomVG kann eine Kommune die Meinung der Bevölkerung zu einer konkreten Sachfrage ermitteln. Diese Befragung kann entweder sämtliche qualifizierten Einwohner einbeziehen oder auf eine Teilmenge beschränkt sein. Dadurch kann sichergestellt werden, dass lediglich der betroffene Personenkreis befragt wird. Möglich wären etwa Befragungen von Einwohnern bestimmter Stadtteile sowie von

15 Vgl. Hartmann u. Simon, NdsVBl. 06/2023, S. 164.
16 Vgl. Steinmetz, 2022, S. 31.
17 Vgl. Seybold, 2022, S. 18.
18 Vgl. Seybold in BeckOK-Komr, § 31 NKomVG, Rn. 26.

Kindern, Jugendlichen oder Senioren.[19] Die Einwohnerbefragung erfolgt in offizieller Form und unterliegt den allgemeinen Wahlrechtsgrundsätzen.[20]

Die Ergebnisse der Einwohnerbefragung sind rechtlich nicht bindend. Die Vertretung kann entgegen der vorherrschenden Meinung eine andere Entscheidung treffen. Allerdings ergibt sich aus der Befragung politischer Druck.[21]

Das Petitionsrecht gemäß Art. 17 des Grundgesetzes (GG), das durch § 34 Satz 1 NKomVG spezialgesetzlich verankert ist, gestattet es jeder Person, allein oder in Gemeinschaft mit anderen, Anregungen und Beschwerden bezüglich kommunaler Angelegenheiten an die Vertretung zu richten. Da sich die Vertretung grundsätzlich mit dem Inhalt der Petition auseinandersetzen muss, kann sie die lokale Willensbildung beeinflussen. Dadurch kann die Petition die Bürgerbeteiligung bereits aufwerten.[22] Das Petitionsrecht ist nicht auf bestimmte Personengruppen beschränkt und steht auch Nichtansässigen zur Verfügung. Gemäß § 34 Satz 4 NKomVG hat der Einreichende ausdrücklich Anspruch auf die Beantwortung seiner Petition.

Trotz unterschiedlicher Personenkreise und rechtlicher Konsequenzen eint die zuvor genannten Instrumente folgende Gemeinsamkeit: Im Gegensatz zum Bürgerentscheid führen diese nicht zu unmittelbaren Sachentscheidungen durch die Bürger, sondern beeinflussen kommunale Entscheidungen indirekt.

Zusätzlich zu den im NKomVG festgelegten Beteiligungsmöglichkeiten haben Bürger die Option, sich durch Medienarbeit, Leserbriefe oder die Gründung von Bürgerinitiativen in die Diskussion einzubringen.[23]

---

19 Vgl. LT-Drs. 18/9075, S. 24.
20 Vgl. Seybold in BeckOK-Komr, § 35 NKomVG, Rn. 3.
21 Vgl. Seybold in BeckOK-Komr, § 35 NKomVG, Rn. 16.
22 Vgl. Wefelmeier in PdK-Nds., § 34 NKomVG, Rn. 4.
23 Vgl. Neelen, 2021, S. 14; Schmidt, 2021, S. 15.

Eine andere Form der Bürgerbeteiligung ist die dialogorientierte Einbindung in politische oder planerische Prozesse. Die Einbindung in einen Genehmigungsprozess kann fachgesetzlich erfolgen, z.B. im Baurecht. Es ist auch eine freiwillige Beteiligung durch die Kommunen möglich, um die Belange der Bürger zu erfahren und sie berücksichtigen zu können.[24]

Der Hauptverwaltungsbeamte informiert außerdem gemäß § 85 Abs. 5 Satz 1 NKomVG die Einwohner auf angemessene Weise über wichtige Angelegenheiten. Wichtige Angelegenheiten überschreiten den üblichen Verwaltungsalltag. Die Art der Mitteilung kann vielfältig sein und sollte eine breite Öffentlichkeit erreichen. Dazu zählen Medienarbeit, Informationszettel sowie Einwohnerversammlungen gemäß § 85 Abs. 5 Satz 3, 4 NKomVG, die eine Gelegenheit zur Meinungsäußerung und Diskussion bieten sollen.[25]

24 Vgl. Nierth, 2020, S. 34.
25 Vgl. Mielke in PdK-Nds., § 85 NKomVG, Rn. 26.

## 3. Verfassungsmäßige Einordnung

Das politische System der Bundesrepublik Deutschland ist als repräsentative Demokratie strukturiert. Art. 20 Abs. 2 GG legt die Ausübung der Staatsgewalt durch das Volk fest und nennt dabei sowohl Wahlen als auch Abstimmungen – somit repräsentative und plebiszitäre Demokratie. Bei Wahlen wird eine Person dazu ermächtigt, in (repräsentativer) Vertretung über diverse Sachverhalte zu entscheiden.[26] Die Abstimmung stellt die direkte Entscheidung über den Sachverhalt selbst dar.[27]

Gemäß dem Homogenitätsprinzip nach Art. 28 Abs. 1 Satz 1 GG gilt dies auch für die Länder und somit für die kommunalen Einheiten, die organisatorisch Teil der Länder sind. Das Homogenitätsprinzip verlangt eine gewisse Übereinstimmung bezüglich der verfassungsrechtlichen Grundsätze zwischen Bund und Ländern.[28] Dennoch fordert das Grundgesetz keine Konformität oder Uniformität.[29]

Art. 28 Abs. 1 Satz 2 des GG normiert für Gemeinden und Landkreise die Notwendigkeit einer durch Wahlen legitimierten Vertretung. Somit findet die repräsentative Demokratie auf der kommunalen Ebene – im Gegensatz zur direkten Demokratie – ihren Ausdruck im Grundgesetz.

Aufgrund von Art. 28 Abs. 1 Satz 2 des GG bzw. aus der Garantie der kommunalen Selbstverwaltung ergibt sich, dass die Funktionsfähigkeit der Vertretung gewährleistet sein muss und diese für grundlegende kommunale Entscheidungen zuständig ist.[30] Daraus folgt, dass die direkte Demokratie die Arbeitsweise der Vertretung

---

26 Vgl. Sommermann in v. Mangoldt/Klein/Starck, Art. 20 GG, Rn. 14.

27 Vgl. Pieroth in Jarass/Pieroth, Art. 20 GG, Rn. 5.

28 Vgl. Schwarz in v. Mangoldt/Klein/Stark, Art. 28 GG, Rn. 4.

29 Vgl. zuletzt u.a. BVerfG, Beschl. v. 25.01.2023, Az. 2 BvR 2189/22, NJW 2023, S. 2025 (2030) m.w.N.

30 Vgl. BadWürttStGH, Urt. v. 04.06.1976, Az. GR 3/75, NJW 1976, S. 2205 (2208).

weder quantitativ noch qualitativ wesentlich beeinträchtigen darf. Direktdemokratische Instrumente erfüllen durch das Grundgesetz eine „exzeptionell-punktuelle Ergänzungsfunktion"[31]. Eine substanzielle Überlagerung wäre unzulässig.[32] Aus der ergänzenden Rolle direktdemokratischer Elemente folgt, dass diesen Entscheidungen gegenüber den repräsentativ getroffenen Vertretungsbeschlüssen kein zusätzlicher Wert zukommt. Der erfolgreiche Bürgerentscheid tritt anstelle eines Vertretungsbeschlusses gemäß § 33 Abs. 6 Satz 1 NKomVG.

Durch die Ausgestaltung der kommunalen Selbstverwaltung ergibt sich im Vergleich zur Landes- und Bundesebene eine erhöhte Beteiligung der Bürger an der Gestaltung der kommunalen Aufgaben.[33] In der Vergangenheit wurde darüber debattiert, ob plebiszitäre Elemente auf kommunaler Ebene überhaupt zulässig sind. Gegenwärtig befasst sich die Debatte lediglich mit dem Ausmaß und der Ausgestaltung.[34] Angesichts des erheblichen Zeitaufwands aller Beteiligten erscheint es schwer vorstellbar, dass eine derart große Anzahl von Bürgerbegehren und -entscheiden durchgeführt werden könnte, um die kommunalen Vertretungen in verfassungswidriger Weise einzuschränken.

Die direktdemokratischen Möglichkeiten werden durch das Landesrecht geregelt, welches das Verhältnis zwischen den beiden Formen der Demokratie abwägt. Die Option zur Einführung kommunaler Bürgerentscheide in Niedersachsen wurde durch Art. 1 Abs. 2 Satz 1 der Niedersächsischen Verfassung (N. V.) eröffnet.[35] Die konkrete Regelung im Kommunalrecht erfolgte wie zu Beginn der Arbeit dargestellt im Jahr 1996. Aufgrund der Ergänzungsfunktion direkter Demokratie strebt der Gesetzgeber ein ausgewogenes Verhältnis hinsichtlich der Anzahl der Bürgerbegehren und

31 Burgi u. Wolff, 2021, S. 27.
32 Vgl. Notbohm, NdsVBl. 03/2018, S. 69; LT-Drs. 12/6260, S. 58.
33 Vgl. Burgi u. Wolff, 2021, S. 27.
34 Vgl. Burgi u. Wolff, 2021, S. 21.
35 Vgl. LT-Drs. 12/5840, S. 3.

-entscheide an.[36] Daher waren in Niedersachsen zunächst hohe Quoren für Anträge und Zustimmung vorgesehen, und die Themen für ein Bürgerbegehren sind erheblich eingeschränkt.[37] Nach Steinmetz hat der Negativkatalog eine bedeutende Rolle, um das Verhältnis der beiden Demokratieformen zueinander zu definieren.[38] Durch Regelungen zu den Antragsvoraussetzungen, erforderlichen Unterschrifts- und Zustimmungsquoren sowie der Sperrwirkung wird dieses Verhältnis immer wieder neu bewertet oder nachjustiert. Tendenziell wurden diese Hürden seit der Einführung herabgesetzt.

Gleichzeitig besteht jedoch keine Verpflichtung für die Landesgesetzgeber, plebiszitäre Elemente auf kommunaler Ebene zu erlauben.[39] Es liegt daher im Ermessen der Gesetzgebung, in welchem Maße sie diese ermöglichen möchte. Angesichts dessen ist auch der umfangreiche Negativkatalog aus rechtlicher Sicht nicht zu beanstanden.[40]

---

36 Vgl. Burgi u. Wolff, 2021, S. 28.
37 Vgl. LT-Drs. 12/1450, S. 104.
38 Vgl. Steinmetz, 2022, S. 24.
39 Vgl. Burgi u. Wolff, 2021, S. 29.
40 Vgl. Schoch, NVwZ 2014, S. 1475. Für die rechtspolitische Kritik siehe u.a. Mehr Demokratie e.V., 2023, S. 12.

## 4. Bürgerbegehren

Die Vorgaben für Bürgerbegehren und Bürgerentscheide sind in den §§ 32 und 33 NKomVG verankert. Mit der Einführung des NKomVG wurden beide Aspekte in zwei separate Normen aufgeteilt. Die Anordnung im Gesetz entspricht der zeitlichen Abfolge: Gemäß § 32 Abs. 1 NKomVG kann ein Antrag auf Einleitung eines Bürgerbegehrens gestellt werden, das die Entscheidung der Bürger über eine kommunale Angelegenheit zum Ziel hat. Die konkrete Abstimmung wird durch den Bürgerentscheid gemäß § 33 Abs. 1 Satz 1 NKomVG getroffen.[41] Beide Instrumente sind miteinander verknüpft[42] – der Bürgerentscheid erfordert im Regelfall ein vorangegangenes Bürgerbegehren, und das Bürgerbegehren strebt die Durchführung eines Bürgerentscheids an.[43]

Mittels eines Bürgerbegehrens können Bürger eine Frage zu bestimmten Angelegenheiten für einen nachfolgenden Bürgerentscheid zur Abstimmung bringen.[44] Innerhalb des Rahmens der im NKomVG festgelegten Beteiligungsmöglichkeiten nehmen Bürgerbegehren und Bürgerentscheide eine besondere Stellung ein.[45]

Die juristischen Bedingungen für ein erfolgreiches Bürgerbegehren werden in diesem Kapitel ausführlich erläutert. Ein fundiertes Verständnis dieser Kriterien ist sowohl für die Initiatoren als auch für den Hauptverwaltungsbeamten unerlässlich: Die Initiatoren müssen die umfangreichen Anforderungen kennen und beachten, um sicherzustellen, dass das Bürgerbegehren vom Hauptausschuss als zulässig bewertet wird und somit Aussicht auf Erfolg hat. Gemäß § 32 Abs. 3 Satz 6 NKomVG ist der Hauptverwaltungsbeamte verpflichtet, auf Anfrage der Bürger, die ein Bürgerbegehren einrei-

---

41 Abgesehen von den durch Vertretungsreferendum ausgelösten Bürgerentscheiden.

42 Vgl. Seybold in BeckOK-Komr, § 32 NKomVG, Rn. 3.

43 Vgl. Seybold in BeckOK-Komr, § 32 NKomVG, Rn. 1.

44 Vgl. Wefelmeier in PdK-Nds., § 32 NKomVG, Rn. 2.

45 Zur rechtlichen Wirkung siehe im Einzelnen Abschnitt. 5.6.

chen möchten, kostenlose rechtliche Beratung in Bezug auf das Bürgerbegehren anzubieten. Ebenso bereitet dieser die Beschlüsse des Hauptausschusses gemäß § 85 Abs. 1 Satz 1 Nr. 1 NKomVG vor.

## 4.1 Voraussetzungen

### *4.1.1 Berechtigter Personenkreis*

Um die Einreichung eines Bürgerbegehrens zu beantragen, ist der Status als Bürger notwendig. Dies ergibt sich jedoch nicht unmittelbar aus dem Wortlaut der Norm. Die Bezeichnung „Bürgerbegehren" lässt jedoch vermuten, dass die Angelegenheit von Bürgern eingebracht wird. Diese Unterscheidung zeigt sich auch im Zusammenhang mit dem Einwohnerantrag gemäß § 31 Abs. 1 Satz 1 NKomVG. Es wäre zudem wenig plausibel, wenn Einwohner ein Bürgerbegehren initiieren könnten, jedoch die Entscheidung lediglich von den Bürgern getroffen wird.[46]

Bürger sind gemäß § 28 Abs. 2 NKomVG die Einwohner, die zur Wahl der Vertretung berechtigt sind. Einwohner einer Kommune ist gemäß § 28 Abs. 1 Satz 1 NKomVG jemand, der seinen Wohnsitz oder ständigen Aufenthalt in der Kommune hat. Für die Wahlberechtigung müssen die Einwohner zusätzlich am Wahltag nach § 48 Abs. 1 NKomVG folgende Bedingungen erfüllen:

- Deutsche Staatsangehörigkeit im Sinne des Art. 116 Abs. 1 GG oder die Staatsangehörigkeit eines anderen Mitgliedsstaates der Europäischen Union,
- mindestens 16 Jahre alt und
- seit mindestens drei Monaten Wohnsitz in der Kommune haben.

Darüber hinaus dürfen diese Personen nicht vom Wahlrecht ausgeschlossen sein, gemäß § 48 Abs. 2 NKomVG. Da der Bürgerentscheid, der mit dem Bürgerbegehren verbunden ist, in seiner

46 Vgl. Hartmann, 2023, S. 278, Rn. 72.

Wirkung einem Beschluss der Vertretung gleichkommt, ist es nachvollziehbar, dass der Gesetzgeber denselben Personenkreis für die Teilnahme am Bürgerbegehren und für die Wahl der Abgeordneten vorsieht.[47]

Gemäß § 32 Abs. 3 Satz 3 NKomVG müssen bis zu drei Personen als Vertretungsberechtigte benannt werden. Diese Personen vertreten die Antragsteller und fungieren als Kontaktpersonen für die Verwaltung. Sie agieren als Stellvertreter für die Unterzeichner und geben dem Bürgerbegehren eine konkrete Identität.[48] Es ist nicht notwendig, dass die Vertretungsberechtigten Einwohner oder Bürger der Kommune sind, im Gegensatz zu den Antragstellern. Der Wortlaut der Norm legt auch nicht eindeutig fest, dass es sich bei den Vertretungsberechtigten zwingend um natürliche Personen handeln muss. Einige Auffassungen erachten es als zulässig, juristische Personen als Vertretungsberechtigte zu benennen.[49] Jedoch erscheint es angesichts der Systematik des NKomVG sinnvoller, den Wortlaut ausschließlich auf natürliche Personen anzuwenden. Dies liegt daran, dass das NKomVG an anderen Stellen explizit von juristischen Personen spricht, beispielsweise in den §§ 30 Abs. 3 und 41 Abs. 2 NKomVG. In der Praxis werden Bürgerbegehren oft von etablierten Teilnehmern am demokratischen Prozess wie Parteien oder Oppositionsfraktionen initiiert.[50] Dennoch empfiehlt es sich, die Vertretungsberechtigung von natürlichen Personen ausüben zu lassen. Die Vertretungsberechtigten müssen als Ansprechpartner für die Kommune möglicherweise rasch handeln können. Es würde diesem Zweck widersprechen, wenn zunächst ein Gremienbeschluss bei einer juristischen Person erforderlich wäre, um eine Positionierung zu ermöglichen.

47 Vgl. Seybold in BeckOK-Komr, § 32 NKomVG, Rn. 9.

48 Vgl. Hartmann, 2023, S. 280, Rn. 74b.

49 Vgl. Seybold in BeckOK-Komr, § 32 NKomVG, Rn. 30; Thiele in Thiele, § 31 NKomVG, Rn. 4.

50 Vgl. Wefelmeier in PdK-Nds., § 32 NKomVG, Rn. 6.

Die genaue Rechtsstellung der Vertretungsberechtigten ist nicht im Detail durch den Gesetzgeber festgelegt. Laut herrschender Meinung sind im Fall von mehreren benannten Personen alle passiv legitimiert und dürfen Erklärungen zum Bürgerbegehren empfangen. Sie sind jedoch nur gemeinschaftlich befugt, Erklärungen abzugeben, es sei denn, ein einzelner Vertretungsberechtigter wird mit individueller Vertretungsbefugnis ermächtigt, was auf jeder Unterschriftenliste vermerkt sein muss.[51] Diese Auffassung schützt das initiierte Bürgerbegehren vor eigenmächtigen Entscheidungen. Bei individueller Vertretungsbefugnis wäre das Bürgerbegehren einem erheblichen Risiko ausgesetzt.[52]

### *4.1.2 Gegenstand des Bürgerbegehrens*

#### *4.1.2.1 Entscheidung*

Das Bürgerbegehren muss inhaltlich so ausgestaltet sein, dass es auf die Herbeiführung einer konkreten sachbezogenen Entscheidung abzielt. Anträge, die nicht das Ziel einer abschließenden Festlegung verfolgen, sind dementsprechend nicht zulässig. Ein derartiges Beispiel entsteht, wenn die Verpflichtung der Vertretung, bestimmte inhaltliche Leitlinien für zukünftige Entscheidungen zu berücksichtigen, ohne genaue Kenntnis der konkreten Lebenssachverhalte, angestrebt wird.[53] Der Zweck dieses Erfordernisses besteht darin, zu vermeiden, dass lediglich isolierte Einzelfragen eines Problemfeldes zur Entscheidung gestellt werden, während eine umfassende und sinnvolle Gesamtlösung unklar bleibt.[54]

---

51 Vgl. Hartmann, 2023, S. 280, Rn. 74c; OVG Lüneburg, Beschl. v. 02.03.2021, Az. 10 ME 14/21, NordÖR 2021, S. 233 (238).

52 Vgl. Schmidt, NVwZ 2021, S. 584.

53 Vgl. OVG Bautzen, Beschl. v. 30.05.2016, Az. 4 A 663/15, KommJur 2016, S. 379 (381).

54 Vgl. OVG Münster, Urt. v. 19.02.2008, Az. 15 A 2961/07, NVwZ-RR 2008, S. 636 (637).

Des Weiteren sind Bürgerbegehren ohne rechtliche Bindungswirkung, das heißt als Ausdruck der unverbindlichen Meinungsäußerung der Bürger, nicht statthaft.[55] Dies schließt beispielsweise bloße Beurteilungen von bereits getroffenen Vertretungsmaßnahmen, resolutionsartige Meinungsbekundungen und die Annullierung von Vertretungsbeschlüssen ohne rechtliche Tragweite mit ein.[56]

Die erwähnten Anforderungen unterscheiden sich deutlich von zulässigen Bürgerbegehren, die auf die Erzielung einer Grundsatzentscheidung abzielen. Diese grundlegende Entscheidung muss bei künftigen Maßnahmen berücksichtigt werden. Die Vertretung selbst kann sich ebenso durch einen derartigen Beschluss für die Zukunft binden.[57] Es ist jedoch eine gewisse Konkretheit erforderlich. Die zentralen Fragestellungen müssen das Anliegen des Bürgerbegehrens bilden. Dass in der Folge weitere Einzelentscheidungen notwendig sind, beeinträchtigt die Zulässigkeit nicht. Ebenso bedürfen die Beschlüsse der Vertretung der Umsetzung durch den Hauptverwaltungsbeamten, der ebenfalls über Handlungsspielraum bei der Umsetzung verfügt.[58]

#### *4.1.2.2 Eigener Wirkungskreis*

Die Sachentscheidungen, die das Ziel eines Bürgerbegehrens sein sollen, müssen Angelegenheiten betreffen, die zum eigenen Wirkungskreis gehören. Kommunen erledigen ihre Aufgaben gemäß § 4 Satz 1 NKomVG grundsätzlich im eigenen oder übertragenen Wirkungskreis.

Die Dimensionen des eigenen Wirkungskreises variieren je nach Art der Kommune und sind in § 5 Abs. 1 NKomVG differenziert

55 Vgl. OVG Lüneburg, Beschl. v. 11.08.2008, Az. 10 ME 204/08, openJur 2012, S. 47913, Rn. 24.

56 Vgl. Wefelmeier in PdK-Nds., § 32 NKomVG, Rn. 10 m.w.N.

57 Vgl. OVG Lüneburg, Beschl. v. 07.05.2009, Az.10 ME 277/08, NVwZ-RR 2009, S. 735 (735).

58 Vgl. Wefelmeyer in PdK-Nds, § 32 NKomVG, Rn. 11.

dargestellt. Dies umfasst gemäß § 5 Abs. 1 Nr. 1 NKomVG beispielsweise in Gemeinden die Angelegenheiten der örtlichen Gemeinschaft. Hierbei handelt es sich um Belange, die auf der lokalen Ebene verwurzelt sind und von der Gemeinschaft eigenverantwortlich und autonom bewältigt werden können.[59] Die Theorie des BVerfG, bekannt als Wurzeltheorie, wird durch die in der Fachliteratur entwickelten Hoheitsrechte konkretisiert.[60]

Allen Arten von Kommunen ist gemeinsam, dass Pflichtaufgaben, die durch gesetzliche Vorgaben zur eigenverantwortlichen Erfüllung übertragen wurden (gemäß § 5 Abs. 1 Nr. 4 NKomVG), in ihren eigenen Wirkungskreis fallen. In solchen Fällen erfolgt durch den Gesetzgeber eine ausdrückliche Zuteilung zum eigenen Zuständigkeitsbereich, wie beispielsweise in §§ 101 Abs. 2, 102 Abs. 1 des Niedersächsischen Schulgesetzes für die Schulträgerschaft der Gemeinden im Bereich der Grundschulen.

Die Beschränkung von Bürgerbegehren auf Angelegenheiten des eigenen Wirkungskreises ist dadurch begründet, dass die Kommunen nur in diesen Angelegenheiten über die erforderlichen Entscheidungskompetenzen verfügen.[61] Bürgerbegehren für Angelegenheiten des übertragenen Wirkungskreises sind ausgeschlossen. Hierbei handelt es sich um „staatliche Aufgaben zur Erfüllung nach Weisung“[62], bei denen Kommunen nur begrenzten Handlungsspielraum besitzen.

Kommunale Gebietskörperschaften haben die Möglichkeit, auch Aufgaben wahrzunehmen, die weder ihrem eigenen noch dem übertragenen Wirkungsbereich zugeordnet sind.[63] Hierunter fallen spezifische Übertragungen kommunaler Aufgaben. Dies

59 Vgl. BVerfG, Urt. v. 30.07.1958, Az. 2 BvG 1/58, NJW 1958, S. 1341 (1341).

60 Siehe im Einzelnen u.a. Dietlein in BeckOK-Hess, systematische Einführung, Rn. 63 ff.

61 Vgl. Seybold in BeckOK-Komr, § 32 NKomVG, Rn. 11.

62 Rogalla in BeckOK-Komr, § 4 NKomVG, Rn. 10.

63 Vgl. LT-Drs. 16/2510, S. 102.

betrifft unter anderem die Verantwortung der örtlichen Instanzen für Kinder- und Jugendhilfe gemäß § 1 Abs. 1 des Niedersächsischen Ausführungsgesetzes zum Sozialgesetzbuch Achtes Buch (Nds. AG SGB VIII) in Verbindung mit § 13 Abs. 1 Nds. AG SGB VIII. In diesen Fällen werden diese Aufgaben mittels eines „KiTa-Vertrags" von einem Landkreis auf eine Gemeinde oder Samtgemeinde übertragen.[64] Sie werden hierdurch nicht unmittelbar zum lokalen, öffentlichen Träger der Jugendhilfe. Vielmehr verbleibt die Verantwortung im Wesentlichen im eigenen Verantwortungsbereich der übertragenden Behörde. Ein Bürgerbegehren in dieser Angelegenheit müsste somit nach wie vor auf Landkreisebene stattfinden und folglich auch den weiterreichenden Vorgaben des Unterschriftenquorums entsprechen.

Falls eine Angelegenheit mehrere kommunale Ebenen betrifft, kann das entsprechende Bürgerbegehren nur zulässig sein, wenn es sich auf abtrennbare Teilbereiche im eigenen Wirkungskreis der Kommune bezieht.[65]

Des Weiteren sind unmittelbare Handlungen von kommunalen Tochtergesellschaften sowie anderer rechtlich eigenständiger juristischer Personen, obwohl diese von einer Kommune beherrscht werden, nicht im Umfang des eigenen Wirkungskreises eingeschlossen.[66] Nichtsdestotrotz könnte sich das Bürgerbegehren auf einen Weisungsbeschluss der Kommune richten, mit dem Ziel, die Lenkung der Einflussnahme kommunaler Vertreter auf eine spezifische Art und Weise zu gestalten.[67] In einem solchen Szenario wären die Vertreter der Kommune beispielsweise in der Gesellschafterversammlung einer Stadtwerke GmbH angehalten, gemäß der

---

64 Siehe auch § 98 Abs. 1 S. 5 NKomVG.

65 Vgl. Wefelmeyer in PdK-Nds., § 32 NKomVG, Rn. 12.

66 Vgl. VG Oldenburg, Beschl. v. 11.10.2005, Az. 2 B 2705/05, openJur 2012, S. 43541, Rn. 11 f.

67 Vgl. VG Braunschweig, Urt. v. 13.02.2018, Az. 1 A 868/17, BeckRS 2018, S. 49585, Rn. 28 f.; OVG Lüneburg, Urt. v. 04.12.2019, Az. 10 LC 154/18, NVwZ 2020, S. 727 (730).

Weisung ihr Stimmrecht auszuüben. Im Jahr 2020 wurde im Landkreis Heidekreis folgende Fragestellung eingereicht, die zulässigerweise einen Weisungsbeschluss zum Inhalt hatte: „Sind Sie dafür, die Vertreterinnen und Vertreter in der Gesellschafterversammlung der Heidekreis-Klinikum GmbH (HKK) anzuweisen, einen Beschluss dahingehend zu fassen, dass in Abänderung des Beschlusses der Gesellschafterversammlung vom 26.06.2020 als Standort für die Planung eines Krankenhaus-Neubaus ein Suchbereich bei Dorfmark vorzusehen ist?“[68]

#### *4.1.2.3 Zuständigkeit der Vertretung*

Des Weiteren muss die begehrte Entscheidung innerhalb des grundlegenden Zuständigkeitsrahmens der Vertretung liegen oder die Vertretung muss die Möglichkeit haben, sich die Zuständigkeit in diesem Bereich vorzubehalten. Die Zuständigkeit der Vertretung ergibt sich gemäß § 32 Abs. 2 Satz 1 NKomVG aus dem Katalog der Zuständigkeiten gemäß § 58 Abs. 1, 2 NKomVG. Spezialregelungen, die spezifische Zuständigkeiten festlegen, sind einem Bürgerbegehren verwehrt.

Ferner können Angelegenheiten, für die sich die Vertretung gemäß § 58 Abs. 3 Satz 1, 2 NKomVG die Entscheidungsbefugnis vorbehalten kann, ebenfalls Gegenstand eines Bürgerbegehrens sein. Hierzu zählen die Zuständigkeiten des Hauptausschusses, der Ausschüsse gemäß § 76 Abs. 3 NKomVG, der Betriebsausschüsse sowie Angelegenheiten der laufenden Verwaltung, für die der Hauptverwaltungsbeamte verantwortlich ist. Im Gegenzug unterliegen die übrigen Zuständigkeiten des Hauptverwaltungsbeamten nicht

68 Vgl. Mehr Demokratie, 2020, o.S. Aufgrund des inzwischen geltenden Themenausschlusses für Angelegenheiten der Krankenhausversorgung wäre dieses Bürgerbegehren heute als unzulässig zu bewerten, siehe im Einzelnen Abschnitt 4.1.6.7.

einem Bürgerentscheid.[69] Die konkrete Vorbehaltsentscheidung ist in diesem Zusammenhang nicht entscheidend.[70]

#### *4.1.2.4 Negativkatalog*

Der Gesetzgeber hat bestimmte Inhalte explizit von der Möglichkeit eines Bürgerbegehrens ausgeschlossen, was die Reichweite von kommunalen Angelegenheiten, die Gegenstand eines Bürgerentscheids sein können, einschränkt.[71] Diese vorgegebenen Ausnahmen sind in § 32 Abs. 2 Satz 2 NKomVG abschließend aufgeführt und können von der Kommune nicht erweitert werden.[72] Diese Ausnahmetatbestände sind grundsätzlich restriktiv auszulegen.[73]

Der Negativkatalog ist im Vergleich zu anderen Bundesländern sehr umfangreich.[74] In Fällen, in denen ein Bürgerbegehren ausgeschlossen ist, könnte die Bürgerschaft darüber nachdenken, eine andere oder nicht gesetzlich geregelte Form der Beteiligung einzusetzen. Hier könnten durch politischen Diskurs und mögliche Optionen, die von der Verwaltung eingebracht werden, optimale Lösungen erarbeitet werden.[75]

Die nachfolgenden Aspekte beleuchten die einzelnen Ausnahmetatbestände genauer.

##### 4.1.2.4.1 Innere Organisation der Kommunalverwaltung

Die interne Organisation der Kommunalverwaltung ist von der Möglichkeit eines Bürgerbegehrens gemäß § 32 Abs. 2 Satz 2 Nr. 1 NKomVG ausgeschlossen. Hierunter fallen Entscheidungen zur

---

69 Vgl. Wefelmeyer in PdK-Nds., § 32 NKomVG, Rn. 14.

70 Vgl. LT-Drs. 13/2400, S. 4.

71 Vgl. Steinmetz, 2022, S. 24.

72 Vgl. Wefelmeyer in PdK-Nds., § 32 NKomVG, Rn. 21.

73 Vgl. Schoch, NVwZ 2014, S. 1475.

74 Vgl. Seybold, 2022, S. 9; Steinmetz, 2022, S. 24; Mehr Demokratie e.V., 2021, S. 37.

75 Vgl. Seybold, DÖV 2018, S. 300.

organisatorischen Struktur und Aufgabenverteilung der Verwaltung, ebenso wie Geschäftsordnungsfragen der Vertretung.[76] Die Begründung liegt darin, dass diese internen organisatorischen Angelegenheiten nicht unmittelbar die Interessen der Bürger berühren.[77] Eine Entscheidung durch die Bürger in diesen Fragen könnte die Effizienz der Verwaltung beeinträchtigen[78], beispielsweise wenn jede Dienstanweisung oder Organisationsrichtlinie der Zustimmung der Bürger unterliegen würde.[79] Weiterhin liegen die Fragen der internen Organisation größtenteils im Verantwortungsbereich des Hauptverwaltungsbeamten, der den Verwaltungsablauf leitet und überwacht und die Aufgabenverteilung im Rahmen der Vertretungsrichtlinien regelt, gemäß § 85 Abs. 3 NKomVG. Insofern könnte ein Bürgerbegehren lediglich die Richtlinienkompetenz der Vertretung gemäß § 58 Abs. 1 Nr. 2 NKomVG betreffen.

Ausgenommen sind zum Beispiel die Schaffung von Organisationseinheiten und Vertretungsrichtlinien, die die Struktur und den Ablauf der Kommunalverwaltung betreffen. Nicht jedoch alle Fragen, die möglicherweise auch indirekt die Organisation tangieren könnten, sind von vornherein ausgeschlossen: Ein Beispiel hierfür ist die Anzahl der leitenden Beamten, die gemäß § 108 Abs. 1 Satz 1 NKomVG in das Beamtenverhältnis berufen werden. Hierbei handelt es sich um eine Angelegenheit der „äußeren" Organisation der Kommune.[80]

---

76 Vgl. Wefelmeyer in PdK-Nds., § 32 NKomVG, Rn. 22; Schmidt, 2021, Rn. 25.

77 Vgl. Koch in Ipsen, § 32 NKomVG, Rn. 8.

78 Vgl. VG Münster, Urt. v. 06.03.2009, Az. 1 K 2121/08, KommJur 2009, S. 187 (188).

79 Vgl. VG Münster, Urt. v. 06.03.2009, Az. 1 K 2121/08, KommJur 2009, S. 187 (188).

80 Vgl. Wefelmeyer in PdK-Nds., § 32 NKomVG, Rn. 23 m.w.N.

#### 4.1.2.4.2 Rechtsverhältnisse

Gemäß § 32 Abs. 2 Satz 2 Nr. 2 NKomVG sind die rechtlichen Verhältnisse der Mitglieder der Vertretung, des Hauptausschusses, der Stadtbezirks- und Ortsräte, der Ausschüsse sowie der Angestellten der Kommune als eine Ausnahme benannt.

Diese Themen werden in den normalerweise öffentlich tagenden Gremien aufgrund persönlicher Interessen Einzelner gemäß § 64 Abs. 1 NKomVG regelmäßig in nicht öffentlicher Form behandelt, da persönliche und wirtschaftliche Angelegenheiten zur Diskussion stehen.[81] Ein Bürgerentscheid würde in dieser Hinsicht in die Rechte von Dritten eingreifen.[82]

Die rechtlichen Verhältnisse sind durch Bestimmungen des Kommunalverfassungsrechts, des Beamtenrechts und des Tarifrechts ausführlich geregelt. Da das Bürgerbegehren ohnehin keine widerrechtlichen Absichten verfolgen kann[83], bleibt nur begrenzter Raum für inhaltliche Entscheidungen.[84] Zudem hat der Hauptverwaltungsbeamte gemäß § 107 NKomVG eine beträchtliche Entscheidungsbefugnis in Bezug auf die kommunalen Angestellten. Hier wäre ein Bürgerbegehren allein aus diesem Grund unzulässig.

Der VGH Kassel hat in Bezug auf die ähnliche hessische Rechtslage festgestellt, dass nur Entscheidungen in Bezug auf bestehende konkrete rechtliche Verhältnisse ausgeschlossen sind.[85] Unter dieser Ausnahmenummer sind Bürgerbegehren folglich akzeptabel, sofern diese eine abstrakt-generelle Regelung der künftigen rechtlichen Verhältnisse kommunaler Angestellter in einer Satzung

---

81 Vgl. Wefelmeyer in PdK-Nds., § 32 NKomVG, Rn. 11.

82 Vgl. Wefelmeyer in PdK-Nds., § 32 NKomVG, Rn. 24; Schliesky in KVR-SH, § 16 SHGO, Rn. 63.

83 Siehe im Einzelnen Abschnitt 4.1.6.9.

84 Vgl. VG Düsseldorf, Urt. v. 06.12.2002, Az. 1 K 4023/00, NVwZ-RR 2003, S. 452 (452).

85 Vgl. VGH Kassel, Beschl. v. 30.09.2003, Az. 8 TG 2479/03, NVwZ-RR 2004, S. 281 (283).

betreffen.[86] Nach Wefelmeyer ist es auch vorstellbar, ein Bürgerbegehren in Bezug auf die Regelungen zur Entschädigung der Abgeordneten in einer Satzung durchzuführen, sofern der festgelegte Rahmen in §§ 44, 55 NKomVG eingehalten wird.[87]

Auch ist es gemäß § 32 Abs. 2 Satz 2 Nr. 2 NKomVG nicht ausgeschlossen, dass ein Anliegen sich gegen die Privatisierung einer kommunalen Einrichtung richtet. Obwohl dies auch mittelbare Auswirkungen auf bestehende Arbeitsverhältnisse haben kann, bilden diese nicht den Kern des Bürgerbegehrens.[88]

#### 4.1.2.4.3 Haushaltsfragen

Weiterhin sind die Haushaltssatzung, die kommunalen Abgaben und die privaten Entgelte einer Kommune gemäß § 32 Abs. 2 Satz 2 Nr. 3 NKomVG von der Möglichkeit eines Bürgerbegehrens ausgenommen. Diese sollen „nicht zum Gegenstand egoistischer Interessen einzelner Bevölkerungsgruppen werden“[89]. Das Ziel besteht darin, zu verhindern, dass bestimmte Bürgergruppen aus eigenmotivierten Gründen versuchen, ihre Steuer- und Abgabenlast in einer wirtschaftlich nicht tragbaren Weise zu reduzieren. Vielmehr soll die Gesamtverantwortung der Vertretung für die Haushaltsführung der Kommune gewährleistet bleiben.[90] Die genannten Themen erfordern für eine angemessene Beurteilung eine betriebswirtschaftliche Berechnung, die oft komplex sein kann. Ein Großteil der Bevölkerung dürfte in diesem Bereich nicht ausreichend bewandert sein.[91] Es ist jedoch anzumerken, dass ähnliche Umstände in größerem oder geringerem Ausmaß in anderen Themenbereichen ebenfalls zutreffen könnten.

---

86 Vgl. VGH München, Beschl. v. 02.01.1996, Az. 4 CE 95.4200, NVwZ 1996, S. 720 (721).
87 Vgl. Wefelmeyer in PdK-Nds., § 32 NKomVG, Rn. 25.
88 Vgl. OVG Schleswig, Urt. v. 19.12.2005, Az. 2 LB 29/05, BeckRS 2006, S. 22626 (22626).
89 Wefelmeyer in PdK-Nds., § 32 NKomVG, Rn. 26.
90 Vgl. Schliesky in KVR-SH, § 16g SHGO, Rn. 46.
91 Vgl. Koch in Ipsen, § 32 NKomVG, Rn. 12.

In erster Linie ist die Haushaltssatzung gemäß § 112 NKomVG ausgeschlossen. Ein integraler Bestandteil der Haushaltssatzung ist der Haushaltsplan gemäß § 113 NKomVG. Festlegungen und Budgets im Haushaltsplan sind daher nicht Gegenstand eines Bürgerbegehrens. Dies schließt jedoch nicht sämtliche Angelegenheiten aus, die finanzielle Auswirkungen auf die Kommune haben.[92] Diese Interpretation würde einerseits zu einer zu weitreichenden Auslegung des Ausnahmekriteriums führen. Zudem würde eine solche Deutung die bis zum Jahr 2016 bestehende Anforderung eines Kostendeckungsvorschlags[93] sowie die nunmehr geforderte Kostenschätzung seitens der Verwaltung ad absurdum führen.

Die Ansicht, sämtliche Entscheidungen, die das Gleichgewicht des Haushalts wesentlich beeinflussen können, auszuschließen, um den Handlungsspielraum der Vertretung nicht übermäßig einzuschränken[94], überzeugt nicht. Bürgerentscheide sollen erlauben, Prioritäten in der kommunalen Handlungsweise zu setzen, was grundsätzlich zu einer Beschränkung des Spielraums der Vertretung führt.[95] Die Frage, ab welchem Punkt wesentliche Auswirkungen vorliegen würden, gestaltet sich in der Praxis schwierig und birgt das Risiko, dass ein Bürgerbegehren aufgrund rechtspolitischer Erwägungen abgelehnt wird. Ansonsten bewirkt der in § 32 Abs. 2 Satz 2 Nr. 9 NKomVG genannte Ausschluss rechtswidriger Absichten, dass keine Verstöße gegen allgemeine Haushaltsgrundsätze wie beispielsweise den Grundsatz der Sparsamkeit und Wirtschaftlichkeit auftreten dürfen.[96]

Kommunale Abgaben, das heißt Steuern, Gebühren und Beiträge gemäß § 1 Abs. 1 des Niedersächsischen Kommunalabgaben-

---

92 Vgl. VG Hannover, Beschl. v. 12.03.1997, Az. 3 B 368/97, NVwZ-RR 1998, S. 260 (261).

93 Vgl. Koch in Ipsen, § 32 NKomVG, Rn. 11.

94 Vgl. Ritgen, NVwZ 2000, S. 135 f.

95 Vgl. SächsVerfGH, Urt. v. 11.07.2002, Az. Vf. 91-VI-01, NVwZ 2003, S. 472 (475 f).

96 Siehe im Einzelnen Abschnitt 4.1.6.9.

gesetzes (NKAG), unterliegen ebenfalls dem Ausschluss von einem Bürgerbegehren. Dabei ist es nicht entscheidend, ob diese Abgaben direkt aus dem NKAG abgeleitet werden.[97] Die Begründung für diesen Ausschluss liegt auch in der Komplexität begründet: Aufgrund des umfangreichen Regelwerks im Abgabenrecht ist es für Bürger nur schwer nachvollziehbar, inwiefern überhaupt Handlungsspielräume für Gestaltung bestehen.[98] Ebenso fallen die Gebühren für die Nutzung kommunaler öffentlicher Einrichtungen gemäß § 30 Abs. 1 NKomVG in diesen Anwendungsbereich, was für die Bürger von erhöhtem Interesse sein dürfte. Wenn das Bürgerbegehren jedoch auf ein umfassendes Konzept abzielt, in dem die Einnahmen aus Abgaben nicht im Vordergrund stehen, könnte die Zulässigkeitsentscheidung in dieser Hinsicht positiv ausfallen.[99]

Privatrechtliche Entgelte sind ebenfalls Teil dieses Ausschlusses, da Kommunen ihre Einrichtungen auch in privatrechtlicher Form betreiben können. Dies betrifft zum Beispiel die Tarife für kommunale Versorgungs- und Verkehrsbetriebe sowie die Preisgestaltung bei kommunalen Wohnungsbauten.[100]

#### 4.1.2.4.4 Jahresabschlüsse

Unter Berücksichtigung der Argumentation im Abschnitt 4.1.6.3, kann auch die Ausnahmeregelung gemäß § 32 Abs. 2 Satz 2 Nr. 4 NKomVG erklärt werden. Laut dieser Bestimmung sind die Jahresabschlüsse der Kommune sowie der Eigenbetriebe von einem Bürgerbegehren ausgeschlossen. Angesichts der spezialgesetzlichen Zuweisung der Zuständigkeit für Jahresabschlüsse an die Vertretung gemäß § 129 Abs. 1 Satz 3 NKomVG, wären diese ohnehin nicht Gegenstand eines Bürgerbegehrens. Gleiches gilt für die

---

97 Vgl. Wefelmeyer in PdK-Nds., § 32 NKomVG, Rn. 28.
98 Vgl. Ritgen, KommJur 2007, S. 290.
99 Vgl. Wefelmeyer in PdK-Nds., § 32 NKomVG, Rn. 30.
100 Vgl. Wefelmeyer in PdK-Nds., § 32 NKomVG, Rn. 30.

Erstellung der Jahresabschlüsse der Eigenbetriebe gemäß § 20 der Eigenbetriebsverordnung.[101]

#### 4.1.2.4.5 Spezialgesetzliche Verwaltungsverfahren

Eine weitere Ausnahme bilden Angelegenheiten, die im Kontext eines Planfeststellungsverfahrens, eines förmlichen Verwaltungsverfahrens mit Öffentlichkeitsbeteiligung oder eines Zulassungsverfahrens im Bereich Abfall, Immissionsschutz, Wasser oder eines ähnlichen Verfahrens zu entscheiden sind, gemäß § 32 Abs. 2 Satz 2 Nr. 5 NKomVG.

Diese Ausnahme wird damit begründet, dass bereits umfassende Möglichkeiten zur Beteiligung in formalisierter Form in diesen Verfahren existieren.[102] Zudem sind diese Themen aufgrund ihrer komplexen Natur, die vielschichtige Abwägungsprozesse erfordert, nicht für eine Entscheidung im Rahmen eines Bürgerentscheids geeignet, der lediglich mit Ja oder Nein zu beantworten ist. Daher können die Anforderungen, die von Fachgesetzen gestellt werden, oft nicht mit einer mit Ja oder Nein zu beantwortenden Frage erfüllt werden.[103]

Planfeststellungsverfahren werden durch spezielle Rechtsvorschriften angeordnet, die grundsätzlich die Bestimmungen der §§ 72 ff. des Verwaltungsverfahrensgesetzes (VwVfG) umfassen. Dies betrifft nicht nur Verfahren, die von der Kommune selbst durchgeführt werden müssen, sondern auch solche, bei denen die Kommune in die Planung anderer Rechtsträger einbezogen wird, beispielsweise durch eine Stellungnahme gemäß § 73 Abs. 2 VwVfG.

Des Weiteren fallen formelle Verwaltungsverfahren unter diese Ausnahme. Dies ergibt sich aus dem Zusammenhang mit dem Planfeststellungsverfahren und der Tatsache, dass solche

---

101 Vgl. Wefelmeyer in PdK-Nds., § 32 NKomVG, Rn. 19.

102 Vgl. LT-Drs. 13/2400, S. 6.

103 Vgl. OVG Münster, Beschl. v. 16.06.2020, Az. 15 A 4343/19, BeckRS 2020, S. 15884, Rn. 7.

Verfahren eine Verpflichtung zur Anhörung der Beteiligten und somit zur Öffentlichkeitsbeteiligung vorsehen.[104]

Die ausdrücklich aufgeführten Ausnahmen in den Bereichen Abfall, Immissionsschutz und Wasser haben keine große Bedeutung, da es sich hierbei um Angelegenheiten des übertragenen Wirkungskreises handelt, die von vornherein nicht für ein Bürgerbegehren zugänglich sind.[105]

Zudem erwähnt der Gesetzgeber die „vergleichbaren Zulassungsverfahren“. Hierbei handelt es sich nicht um jedes Verfahren, das eine rechtlich verankerte Beteiligung der Betroffenen vorsieht. Vielmehr muss es sich gemäß dem Wortlaut um ein ähnliches Zulassungsverfahren handeln. Die genannten Zulassungsverfahren zeichnen sich dadurch aus, dass diese „regelmäßig mit einer Einzelfallentscheidung über die Zulässigkeit des den Verfahrensgegenstand bildenden Vorhabens abschließen“[106]. Eine Voraussetzung hierfür ist, dass die endgültige Entscheidung nach der Öffentlichkeitsbeteiligung erfolgt.[107]

Grundsatzbeschlüsse, die außerhalb des formalen Verfahrens die politische Richtung vorgeben sollen, sind jedoch zulässig. Dies ergibt sich bereits aus dem Wortlaut „im Rahmen“ der Verfahren. Andererseits sind nicht nur die abschließenden Entscheidungen, sondern sämtliche anderen Entscheidungen im Rahmen des Verfahrens ausgeschlossen.[108]

Diese Ausnahmeregelung wird durch den allgemeinen Auffangtatbestand gemäß § 32 Abs. 1 Satz 2 Nr. 9 NKomVG ergänzt. Bürgerbegehren, die sich auf die zuvor genannten Verfahren beziehen, könnten aufgrund der vielfachen rechtlichen Vorgaben oder den Erfordernissen des Abwägungsprinzips rechtswidrig sein.[109]

---

104 Vgl. Wefelmeyer in PdK-Nds., § 32 NKomVG, Rn. 35.
105 Vgl. Wefelmeyer in PdK-Nds., § 32 NKomVG, Rn. 36.
106 Wefelmeyer in PdK-Nds., § 32 NKomVG, Rn. 37.
107 Vgl. Wefelmeyer in PdK-Nds., § 32 NKomVG, Rn. 35.
108 Vgl. Wefelmeyer in PdK-Nds., § 32 NKomVG, Rn. 38.
109 Siehe im Einzelnen Abschnitt 4.1.6.9.

#### 4.1.2.4.6 Bauleitpläne und sonstige Satzungen nach dem BauGB

Unter einer ähnlichen Argumentation wie im Abschnitt 4.1.6.5 erwähnt, unterliegen auch die Beschlüsse über Bauleitpläne sowie sonstige Satzungen gemäß dem Baugesetzbuch (BauGB) und dem Maßnahmegesetz zum BauGB einer Ausnahme gemäß § 32 Abs. 2 Satz 2 Nr. 6 NKomVG. Dies betrifft ausdrücklich die Aufstellung, Änderung, Ergänzung und Aufhebung solcher Pläne und Regelungen und ist somit spezifischer festgelegt als die Ausnahme gemäß § 32 Abs. 1 Satz 2 Nr. 5 („im Rahmen"). Bauleitpläne umfassen gemäß § 1 Abs. 2 BauGB den Flächennutzungsplan und den Bebauungsplan. Zu den sonstigen Satzungen, die ebenfalls ausgeschlossen sind, zählen beispielsweise Erschließungsbeitragssatzungen gemäß § 132 BauGB sowie Sanierungssatzungen gemäß § 142 BauGB.

Zudem spricht gegen die Zulässigkeit, dass gemäß § 1 Abs. 5 und 6 BauGB zahlreiche öffentliche und private Belange zu berücksichtigen sind und gegeneinander abgewogen werden müssen, was in einem Bürgerentscheid kaum umsetzbar ist. Die Bauleitplanung soll ausschließlich nach städtebaulichen Kriterien erfolgen, ohne dass die Bürgerschaft dies beeinflussen kann.[110]

Die Anwendung des Negativkatalogs betrifft nicht nur die Fälle, in denen das Begehren explizit gegen einen konkreten Bebauungsplan gerichtet ist. Es genügt, wenn die Intention des Begehrens offenkundig auf die Bauleitplanung abzielt oder eine klare Beziehung zu einem bereits in der Bauleitplanung befindlichen Vorhaben aufweist, und „sich nur in das formale Gewand einer anderen Frage kleidet"[111]. Es spielt keine Rolle, ob dem Ziel der Gemeindeplanung

110 Vgl. VGH Mannheim, Beschl. v. 20.03.2009, Az. 1 S 419/09, juris, Rn. 9.

111 OVG Lüneburg, Beschl. v. 21.05.2012, Az. 10 LA 3/11, NordÖR 2012, S. 404 (405).

ein anderes Ziel gegenübergestellt wird oder ob das Begehren sämtliche Planungen ablehnt, um den Status quo zu bewahren.[112]

Wenn eine materiell-rechtlich zwingende Genehmigungsentscheidung nach Fachplanungsrecht notwendig ist, ist das Begehren unzulässig.[113] Allerdings können nicht sämtliche Begehren von vornherein ausgeschlossen werden, die potenziell mittelbar auf die Bauleitplanung abzielen könnten. Grundsatzentscheidungen, die vor dem Beginn der Bauleitplanung gefällt werden, unterliegen nicht dieser Ausnahme.[114]

Die bisherige Rechtsprechung in dieser Angelegenheit war wenig vorhersehbar, was eine individuelle Untersuchung des jeweiligen Falls umso bedeutsamer erscheinen lässt.[115] Die Phasen, die auf den Abschluss der Bauleitplanung folgen, können Gegenstand eines Begehrens sein.[116] Ein Beispiel dafür wäre ein Bürgerbegehren, das darauf abzielt, dass ein Vorhaben nicht auf einem städtischen Grundstück realisiert wird.[117] Jedoch hat das OVG Lüneburg entschieden, dass ein Begehren, das darauf abzielt, einen projektbezogenen Bebauungsplan zu verhindern, unzulässig ist.[118] Sowohl eine Verhinderungsplanung, die die Planungsbefugnisse der Gemeinde einschränkt, als auch ein Begehren mit dem Ziel, ein städtisches Grundstück ausschließlich für land- und forstwirtschaftliche Zwecke zu nutzen, sind demnach unzulässig.[119]

---

112 Vgl. OVG Lüneburg, Beschl. v. 17.12.2004, Az. 10 LA 84/04, KommJur 2005, S. 51 (53).

113 Vgl. Heusch u. Dickten, NVwZ 2020, S. 365.

114 Vgl. VG Düsseldorf, Urt. v. 02.03.2007, Az. 1 K4143/06, openJur 2011, S. 48594, Rn. 40.

115 Vgl. Wefelmeyer in PdK-Nds., § 32 NKomVG, Rn. 41.

116 Vgl. Schoch, NVwZ 2014, S. 1478.

117 Vgl. OVG Münster, Beschl. v. 06.12.2007, Az. 15 B 1744/07, NWVBl. 2008, S. 106 (107).

118 Vgl. OVG Lüneburg, Beschl. v. 17.12.2004, Az. 10 LA 84/04, KommJur 2005, S. 51 (53), a. A. Schoch, NVwZ 2014, S. 1478.

119 Vgl. VG Münster, Beschl. v. 10.03.2009, Az. 1 L 109/09, BeckRS 2009, S. 32834 (32834).

#### 4.1.2.4.7 Krankenhäuser und Rettungsdienste

Die in § 32 Abs. 2 Satz 2 Nr. 7 NKomVG festgelegte Ausnahme wurde zum 01. November 2021 aufgenommen.[120] Die Gründe für diesen Ausschluss beruhen weniger auf demokratietheoretischen Überlegungen als vielmehr auf gesundheitspolitischen Aspekten.[121] Der Gesetzgeber begründete diesen Ausschluss damit, dass die komplexen Fragen im Zusammenhang mit einer bedarfsgerechten Gesundheitsversorgung nur begrenzt für einen Bürgerentscheid geeignet sind. Bei komplexen Fragestellungen wie dem Bau eines Zentralklinikums oder der Schließung von Fachabteilungen oder ganzen Krankenhäusern kann die Diskussion kaum die notwendige Sachlichkeit und Tiefe erreichen und verläuft oft stark emotionalisiert.[122] Die meisten Bürger sind von einer solchen Entscheidung in mehr oder weniger starkem Maße betroffen. Die persönliche oder familiäre medizinische Versorgung, insbesondere in Notfällen, hat verständlicherweise eine hohe Bedeutung. Daher kann aufgrund des kommunalen Auftrags zur Gewährleistung einer angemessenen flächendeckenden medizinischen Versorgung die Eignung direktdemokratischer Instrumente infrage gestellt werden. Steinmetz führt hierzu aus, dass „Bürgerbegehren und Bürgerentscheid in der Regel dazu dienen sollen, Strukturen zu erhalten, die weder objektiv bedarfsgerecht noch betriebswirtschaftlich sinnvoll sind"[123].

Zudem sind bundes- und landesrechtliche Vorgaben zu berücksichtigen, sodass die Handlungsoptionen der Kommunen in beiden Handlungsfeldern sehr eingeschränkt sind.[124] Der Gesetzgeber hat bewusst die Planung von Krankenhäusern und Rettungs-

120 Der Gesetzgeber hat hier kommunalrechtliches Neuland betreten. Einen vergleichbaren Themenausschluss gibt es in keinem anderen Bundesland, vgl. Steinmetz, 2022, S. 24.

121 Vgl. Steinmetz, 2022, S. 25.

122 Vgl. LT-Drs. 18/9075, S. 19; Schwind, NdsVBl. 03/2022, S. 69.

123 Steinmetz, 2022, S. 25.

124 Vgl. Steinmetz, 2022, S. 26.

diensten ausgenommen, da diese auf überregionaler Ebene konzipiert sind und über den lokalen Zuständigkeitsbereich hinausgehen.[125] Die Auswirkungen erstrecken sich nicht nur auf die betreffende Kommune, sondern haben auch regionale Bedeutung. Daher können lokale Bürgerbegehren problematisch sein.[126] Dies führte in der Vergangenheit dazu, dass im Zuge der Mobilisierung der Bürgerschaft, Akteure wie Abgeordnete und Hauptverwaltungsbeamte von kreisangehörigen Gemeinden in Bürgerentscheide auf Kreisebene eingriffen, wobei dies die verfassungsmäßigen Zuständigkeiten der Akteure verlässt.[127]

Die zuletzt in diesen Angelegenheiten geführten Bürgerbegehren und -entscheide in Bezug auf das Zentralklinikum in Aurich und den Neubau des Heidekreisklinikums haben zu sehr emotional geführten Diskussionen geführt, die erst durch mehrere Gerichtsentscheidungen beigelegt werden konnten. Vor diesem Hintergrund erscheint die nun festgelegte Ausschlussregelung, zusätzlich zu den in der Gesetzesbegründung genannten Argumenten, nachvollziehbar.

#### 4.1.2.4.8 Rechtsbehelfe und Rechtsstreitigkeiten

Im Abschnitt 4.1.6.8 wird festgehalten, dass gemäß § 32 Abs. 2 Satz 2 Nr. 8 NKomVG Rechtsbehelfe und Rechtsstreitigkeiten nicht als Themen für Bürgerbegehren zugelassen sind. Hierunter fallen Entscheidungen im Zusammenhang mit Widerspruchsverfahren gemäß §§ 68 ff. der Verwaltungsgerichtsordnung (VwGO) sowie gerichtliche Verfahren.[128] Hierzu gehört auch die Einreichung eines Rechtsmittels gegen eine kommunalaufsichtliche Verfügung. Betroffen sind Angelegenheiten des individuellen Rechtsschutzes, aus denen keine große Betroffenheit der Bevölkerung erwächst.[129]

---

125 Vgl. Steinmetz, 2022, S. 26.
126 Vgl. LT-Drs. 18/9075, S. 19.
127 Vgl. u.a. OKJ, 2015, o.S.; heide kurier, 2021, S. 1.
128 Vgl. Wefelmeyer in PdK-Nds., § 32 NKomVG, Rn. 42; a. A. Schliesky in KVR-SH, § 16g SHGO, Rn. 69.
129 Vgl. Wefelmeyer in PdK-Nds., § 32 NKomVG, Rn. 42.

Die Kommune soll eigenständig und eigenverantwortlich über die Notwendigkeit des Rechtsstreits entscheiden.[130] Diese Entscheidungen sind regelmäßig zügig zu treffen.[131] Auch inhaltlich handelt es sich um eine hauptsächlich rechtliche Frage, die oft nur eine eingeschränkte Disposition ermöglicht.[132]

Nicht grundsätzlich ausgeschlossen sind Projekte, die gleichzeitig auch Gegenstand von Rechtsbehelfs- oder Gerichtsverfahren sind[133], soweit diese Verfahren nicht auch Thema des Bürgerbegehrens sind.

#### 4.1.2.4.9 Gesetzwidriges Ziel oder Sittenwidrigkeit

Ein Bürgerbegehren darf kein gesetzwidriges Ziel verfolgen und nicht gegen die guten Sitten verstoßen, wie es in § 32 Abs. 2 Satz 2 Nr. 9 NKomVG festgelegt ist. Dass eine Kommune keine rechtswidrigen Entscheidungen treffen darf, ergibt sich bereits aus dem Prinzip des Rechtsstaats und dem Grundsatz der Gesetzmäßigkeit der Verwaltung, wie er aus Art. 20 Abs. 3 GG abgeleitet wird. Diese Regelung hat vor allem einen deklaratorischen Charakter, denn auch ein Bürgerbegehren darf keine rechtswidrigen Entscheidungen der Kommune herbeiführen.[134] Bei der Bewertung des Bürgerbegehrens gelten die gleichen Maßstäbe wie bei der Bewertung eines Beschlusses der Vertretung.

Erfasst werden hierbei direkt anwendbares Gemeinschaftsrecht, Verfassungsrecht, Gesetze, Rechtsverordnungen, Satzungen und gewohnheitsrechtliche Grundsätze. Vertragliche Verpflichtungen zählen nicht direkt dazu, soweit diese ohne einen Rechtsverstoß aufgelöst werden können.[135] Dabei sind jedoch die Bindungswirkungen von Verträgen und das Prinzip der Vertragstreue zu

130 Vgl. Seybold in BeckOK-Komr, § 32 NKomVG, Rn. 22.
131 Vgl. Spies, 1999, S. 218.
132 Vgl. Seybold in BeckOK-Komr, § 32 NKomVG, Rn. 22.
133 Vgl. Wefelmeyer in PdK-Nds., § 32 NKomVG, Rn. 42.
134 Vgl. Seybold in BeckOK-Komr, § 32 NKomVG, Rn. 23.
135 Vgl. Wefelmeyer in PdK-Nds., § 32 NKomVG, Rn. 43.

beachten.[136] Ein Bürgerbegehren darf nicht auf die Verletzung eines Vertrags abzielen. Es könnte jedoch Ausnahmen geben, wenn die Kommune ein einseitiges Rücktritts- oder Kündigungsrecht besitzt.[137] Bürgerbegehren, die trotz bestehender Vertragsverpflichtungen zulässig wären, könnten allerdings das Vertrauen in die Verbindlichkeit von Verträgen mit Kommunen grundlegend untergraben.[138] Ein Verstoß muss daher nicht unbedingt direkt aus einem gesetzlichen Verbot resultieren. Die Kosten einer grundsätzlich erlaubten Vertragsauflösung könnten einen Verstoß gegen das Prinzip der Sparsamkeit und Wirtschaftlichkeit darstellen.[139] Die Schwelle zur Rechtswidrigkeit wird hier üblicherweise erst überschritten, wenn das Handeln der Kommune grundsätzlichen Prinzipien wirtschaftlichen Handelns schlechthin widerspricht.[140] Dadurch bleibt ein beträchtlicher Spielraum für die Kommune bestehen, ohne die Zulässigkeit eines Bürgerbegehrens zu beeinträchtigen.

Gemäß Wefelmeyer kann für den Terminus der Sittenwidrigkeit auf den Begriff der guten Sitte im Sinne von § 138 Abs. 1 des Bürgerlichen Gesetzbuches (BGB) verwiesen werden.[141] Der Begriff umfasst das Anstandsgefühl aller redlichen und gerecht Denkenden.[142] Seybold bewertet dies als einen Ersatzbegriff des Gesetz-

---

136 Vgl. Schmidt, 2021, S. 31.

137 Vgl. VG Göttingen, Urt. v. 27.11.2019, Az. 1 A 394/17, BeckRS 2019, S. 33595 (33595); a. A. Katz, VBlBW 2009, S. 374, der eine einschlägige Gesetzesverletzung nicht darin sieht, wenn aus der Auflösung eines Vertrages Schadensersatzansprüche entstehen oder Vertragsstrafen ausgelöst werden.

138 Vgl. VG Göttingen, Urt. v. 27.11.2019, Az. 1 A 394/17, BeckRS 2019, S. 33595 (33595).

139 Vgl. Wefelmeyer in PdK-Nds., § 32 NKomVG, Rn. 43.

140 Vgl. VGH München, Urt. v. 21.03.2012, Az. 4 B 11.221, BeckRS 2012, S. 50788 (50788).

141 Vgl. Wefelmeyer in PdK-Nds., § 32 NKomVG, Rn. 43.

142 Vgl. BGH, Urt. v. 04.06.2013, Az. VI ZR 292/12, BeckRS 2013, S. 11216, Rn. 14.

gebers für die Fälle, in denen der Gesetzgeber noch nicht durch ein Gesetz mit Verbotstatbestand tätig geworden ist. Die Beantwortung bleibt dem konkreten Einzelfall vorbehalten.[143] In dieser Argumentation sollten Überlegungen zur Zweckmäßigkeit nicht in die Überprüfung der Zulässigkeit einfließen.[144]

Für die Prüfung der Übereinstimmung mit geltendem Recht ist es zuweilen notwendig, bei komplizierten rechtlichen Fragestellungen eine umfassende Untersuchung unter Berücksichtigung sämtlicher rechtlicher Aspekte durchzuführen.

#### *4.1.2.5 Bestandsschutzfrist*

Eine Angelegenheit, die als Inhalt eines Bürgerbegehrens dienen soll, darf in den vergangenen zwei Jahren nicht bereits Gegenstand eines anderen Bürgerbegehrens gewesen sein. Diese Schutzfrist ergibt sich aus § 32 Abs. 2 Satz 1 Halbsatz 2 NKomVG. Diese Regelung korrespondiert mit § 33 Abs. 6 Satz 2 NKomVG, der besagt, dass innerhalb von zwei Jahren nur auf Antrag der Vertretung durch einen Bürgerentscheid Änderungen an einem Bürgerentscheid vorgenommen werden können.[145]

Diese Regelung zielt darauf ab, die Kontinuität der Kommune nicht übermäßig zu stören. Dadurch wird die wiederholte kurzfristige Einreichung erfolgloser Bürgerbegehren verhindert. Dies entspricht dem Prinzip von effizientem und sparsamem kommunalem Handeln, da die Durchführung eines Bürgerbegehrens und eines potenziellen Bürgerentscheids erheblichen Aufwand bedeuten.[146] Durch die Schutzfrist wird der Aufwand bei wiederkehrenden Begehren begrenzt.[147]

143 Vgl. Seybold in BeckOK-Komr, § 32 NKomVG, Rn. 23.
144 Vgl. Wefelmeyer in PdK-Nds., § 32 NKomVG, Rn. 43.
145 Vgl. Wefelmeyer in PdK-Nds., § 32 NKomVG, Rn. 16.
146 Vgl. VGH Mannheim, Urt. v. 06.04.1992, Az. 1 S 333/92, openJur 2013, S. 8151, Rn. 20 f.
147 Vgl. Seybold in BeckOK-Komr, § 32 NKomVG, Rn. 14.

Die Schutzfrist tritt nur dann in Kraft, wenn in Bezug auf die Angelegenheit bereits ein Bürgerbegehren durchgeführt wurde. Wenn das Begehren aus anderen Gründen gescheitert ist, ist dies nicht von Bedeutung. Ebenso spielt es keine Rolle, ob der Bürgerentscheid im Sinne der Antragsteller beantwortet wurde.[148]

Ob bereits zu dem Gegenstand des Begehrens ein Bürgerentscheid durchgeführt wurde, muss anhand objektiver Kriterien festgestellt werden. Um die Schutzfrist auszulösen, ist eine inhaltliche Übereinstimmung notwendig. Eine lediglich inhaltliche Nähe reicht nicht aus. Auch eine Änderung der tatsächlichen oder rechtlichen Gegebenheiten führt zu einer inhaltlichen Änderung. Wenn in einem ersten Bürgerbegehren ein Grundsatzbeschluss erreicht wurde, der nun konkretisiert werden soll, handelt es sich nicht um dasselbe Anliegen.[149] Die Annahme einer wortwörtlichen Identität ist deshalb abzulehnen, da eine bloße Umformulierung eine neue Angelegenheit schaffen würde und die Schutzfrist dadurch wirkungslos wäre.

#### *4.1.2.6 Formulierung des Bürgerbegehrens*

Die Fragestellung sowie die Begründung des Bürgerbegehrens müssen den Bürgern ermöglichen, sachgerecht über die Angelegenheit abzustimmen, die den Kern des Begehrens ausmacht. Die Formulierung der Frage und der Begründung haben eine innere Verbindung. Aus dem Grundsatz der Kongruenz von Frage und Begründung ergibt sich, dass die Fragestellung und die Begründung inhaltlich übereinstimmen müssen.[150]

Die Klarheit des Begehrens muss eindeutig aus der Frage und der Begründung hervorgehen. Weitere Informationen, zum Beispiel im Internet oder in Begleitbroschüren, dürfen dabei nicht berück-

148 Vgl. Wefelmeyer in PdK-Nds., § 32 NKomVG, Rn. 17.

149 Vgl. Herbel, 2003, S. 172.

150 Vgl. Wefelmeyer in PdK-Nds., § 32 NKomVG, Rn. 45; OVG Münster, Beschl. v. 01.04.2009, Az. 15 B 429/09, S. 63057, Rn. 19.

sichtigt werden.[151] Es besteht die Möglichkeit, dass die Bürger diese zusätzlichen Unterlagen nicht kennen oder sich zum Zeitpunkt der Unterstützungsunterschrift nicht mehr an diese erinnern.[152] Hinsichtlich der Klarheit des Bürgerbegehrens besteht das Risiko, dass widersprüchliche Informationen in der Öffentlichkeit zur Unsicherheit führen könnten.[153]

Es dürfen jedoch keine übermäßig hohen Anforderungen an die Klarheit gestellt werden, um den Zweck des Bürgerbegehrens nicht zu untergraben. Von den Bürgern darf keine besondere Kenntnis im Verwaltungsrecht erwartet werden.[154]

Auch für die Organe der Kommune ist die Klarheit von Bedeutung. Der Hauptausschuss muss diese Informationen bei seiner Entscheidung über die Zulässigkeit zugrunde legen. Auch bestimmt dies, ob die Fristen des initiativen oder kassatorischen Begehrens gelten.[155] Wenn die Vertretung beabsichtigt, den Bürgerentscheid durch einen eigenen Beschluss gemäß § 32 Abs. 7 Satz 5 NKomVG zu verhindern, muss diese den Willen der Initiatoren genau verstehen können.[156]

#### 4.1.2.6.1 Fragestellung

Die gewünschte Entscheidung in der Sache muss präzise benannt werden und so formuliert sein, dass die Bürger das Begehren mit „Ja“ unterstützen und mit „Nein“ ablehnen, gemäß § 32 Abs. 3 Satz 1 NKomVG.

---

151 Vgl. OVG Lüneburg, Beschl. v. 11.08.2008, Az. 10 ME 204/08, BeckRS 2008, S. 38675 (38675).

152 Vgl. Seybold in BeckOK-Komr, § 32 NKomVG, Rn. 24a; VGH Mannheim, Beschl. v. 13.06.2018, Az. 1 S 1132/18, BeckRS 2018, S. 13652, Rn. 17.

153 Vgl. Seybold in BeckOK-Komr, § 32 NKomVG, Rn. 24a.

154 Vgl. OVG Lüneburg, Beschl. v. 11.08.2008, Az. 10 ME 204/08, BeckRS 2008, S. 38675 (38675).

155 Siehe im Einzelnen in Abschnitt 4.1.10.2.

156 Vgl. OVG Lüneburg, Beschl. v. 07.05.2009, Az. 10 ME 277/08, NVwZ-RR 2009, S. 735 (735). Siehe im Einzelnen Abschnitt 4.4.

Die vorherige Regelung forderte lediglich, dass die Sache mit „Ja" oder „Nein" beantwortet werden kann. Die Antragsteller müssen nun eine Frage formulieren, die ihrer Meinung nach bejaht werden sollte.[157] Der Gesetzgeber hat diese Änderung aus logischen Gründen vorgenommen.[158] Durch die klare Frage mit den Antwortmöglichkeiten „Ja" oder „Nein" können die Bürger selbst bei komplexen Themen eine eindeutige Position beziehen. Daher dürfen nicht mehr als zwei Abstimmungsalternativen vorgelegt werden.[159] Es ist grundsätzlich nicht entscheidend, ob die gewünschte Entscheidung in Form einer Frage oder Aussage formuliert ist.[160]

Die Fragestellung muss widerspruchsfrei, inhaltlich verständlich und nachvollziehbar sein.[161] Eine klare, prägnante und sachliche Formulierung ist anzustreben.[162] Mehrdeutige oder ungenaue Fragestellungen sollten vermieden werden. Je komplexer das Begehren ist, desto ausführlicher darf bzw. muss die Fragestellung sein.[163] Wenn es nicht um eine grundsätzliche Entscheidung geht, muss das Begehren auch den vollziehbaren Inhalt erkennen lassen.[164]

Die Frage muss aus der Sicht eines durchschnittlichen Bürgers, der mit dem Begehren nicht vertraut ist, eindeutig verständlich sein.[165] Wenn der Wortlaut allein nicht eindeutig ist, reicht es aus, wenn

---

157 Vgl. Seybold in BeckOK-Komr, § 32 NKomVG, Rn. 24.

158 Vgl. LT-Drs. 16/2510, S. 108.

159 Vgl. Wefelmeyer in PdK-Nds., § 32 NKomVG, Rn. 49.

160 Vgl. VG Hannover, Urt. v. 23.02.2000, Az. 1 A 3488/99, NdsVBl. 2001, S. 101 (102).

161 Vgl. OVG Lüneburg, Urt. v. 04.12.2019, Az. 10 LC 43/19, NordÖR 2020, S. 89 (91).

162 Vgl. OVG Münster, Beschl. v. 15.04.2014, Az. 15 B 499/14, openJur 2014, S. 12112, Rn. 15.

163 Vgl. VGH München, Urt. v. 10.12.1997, Az. 4 B 97.93, BayVBl. 1998, S. 242 (242).

164 Vgl. VGH München, Urt. v. 19.02.1997, Az. 4 B 96.2928, BayVBl. 1997, S. 277.

165 Vgl. OVG Lüneburg, Beschl. v. 21.05.2012, Az. 10 LA 3/11, openJur 2012, S. 69144 (69144).

sich die Fragestellung unter Berücksichtigung der allgemeinen Auslegungsregeln der §§ 133, 157 BGB klären lässt. Begriffe, die Wertungen erfordern, müssen ausreichend konkretisiert sein und keine verschiedenen Interpretationen zulassen.[166] Als nicht hinreichend konkret wurden u. a. die folgenden Formulierungen bewertet: „Besiedlung mit emissionsarmen Gewerbebetrieben und umweltverträglichen Arbeitsplätzen“[167] und „Erhaltung und Ausbau des Dorfzentrums“[168].

Wenn mehrere Aspekte in einer Fragestellung kombiniert werden sollen, ist das Koppelungsverbot zu beachten. Das Zusammenfassen mehrerer Fragen in einem Begehren ist im Allgemeinen gestattet.[169] Die Teilfragen müssen jedoch objektiv betrachtet inhaltlich zusammenhängen und eine einheitlich abgrenzbare Thematik betreffen. Alle im Begehren genannten Anliegen müssen vollständig umsetzbar sein, ohne dass diese miteinander in Konflikt geraten.[170]

Eine Formulierung als Suggestivfrage ist nicht erlaubt. Die Gefahr, dass die Bürger durch die Formulierung beeinflusst werden könnten, muss ausgeschlossen sein.[171] Es ist ratsam, die Fragestellung bei der Bewertung klar von der Begründung zu trennen. Die Begründung, die auch der Werbung für das Begehren dient, enthält regelmäßig auch Werturteile. Dieser Umstand ist rechtlich nicht zu beanstanden.[172]

---

166 Vgl. OVG Lüneburg, Beschl. v. 11.08.2008, Az. 10 ME 204/08, NdsVBl. 2008, S. 314 (315).

167 Vgl. VG Stade, Urt. v. 07.09.2001, Az. 1 A 587/00, Nds. RPfl. 2003, S. 19 (19 ff).

168 Vgl. OVG Lüneburg, Beschl. v. 11.08.2008, Az. 10 ME 204/08, NdsVBl. 2008, S. 314 (315).

169 Vgl. OVG Lüneburg, Beschl. v. 11.08.2008, Az. 10 ME 204/08, NdsVBl. 2008, S. 314 (315).

170 Vgl. Wefelmeier in PdK-Nds., § 32 NKomVG, Rn. 56.

171 Vgl. OVG Koblenz, Beschl. v. 15.12.1998, Az. 7 A 12091-98, NVwZ-RR 1999, S. 598 (599).

172 Vgl. OVG Koblenz, Urt. v. 06.02.1996, Az. 7 A 12861/95, NVwZ-RR 1997, S. 243 (243).

Die Formulierung der Fragestellung ist besonders wichtig, da diese im Bürgerentscheid direkt zur Abstimmung gestellt wird. Der Text kann im weiteren Verlauf des Verfahrens nicht mehr geändert werden. Aufgrund der eigenständigen Bedeutung der Fragestellung im Bürgerentscheid kann nicht auf die Begründung zurückgegriffen werden, da diese nicht zur Abstimmung steht.[173]

#### 4.1.2.6.2 Begründung

Durch die Begründung des Bürgerbegehrens sollen potenzielle Unterzeichner über den Sachverhalt, die Hintergründe und die Argumente bzw. Beweggründe der Initiatoren informiert werden. Die Begründung soll zu einer inhaltlichen und sachlichen Auseinandersetzung beitragen.[174] Die Initiatoren eines Bürgerbegehrens müssen ihre Intention jedoch nicht objektiv und ausgewogen erläutern, sondern können ihre Haltung darstellen.[175]

Das Gesetz legt keine genaueren Anforderungen an die Begründung fest. Diese wurden durch die Rechtsprechung weiterentwickelt. Das Begehren muss insgesamt den Anforderungen des Prinzips der Bestimmtheit genügen. Es muss sichergestellt sein, dass ein Bürgerbegehren nicht aufgrund seiner inhaltlichen Mehrdeutigkeit, sondern aufgrund seiner eigentlichen Zielsetzung die notwendigen Unterschriften erhält.[176] Um die Klarheit zu unterstützen, könnte eine Präzisierung der Begründung durch einen Lageplan oder einen Kartenausschnitt erwogen werden.[177]

Es lässt sich keine allgemeine Aussage zum Umfang der Begründung treffen. Die Begründung ist eine wesentliche Bedingung für die Zulässigkeit, daher ist eine (kurze) Begründung obligatorisch.

---

173 Vgl. OVG Münster, Beschl. v. 15.05.2014, Az. 15 B 499/14, openJur 2014, S. 12112, Rn. 23.

174 Vgl. OVG Schleswig, Urt. v. 20.09.2006, Az. 2 LB 8/06, NVwZ-RR 2007, S. 478 (479 f).

175 Vgl. Kramer u. Cosovic, DVBl. 2016, S. 526.

176 Vgl. OVG Lüneburg, Beschl. v. 11.08.2008, Az. 10 ME 204/08, BeckRS 2008, S. 38675 (38675).

177 Vgl. OVR NRW, Beschl. v. 15.05.2014, Az. 15 B 499/14, juris, Rn, 13.

Es genügt, wenn die grundlegende Motivation knapp und verständlich aus der Perspektive der Initiatoren dargelegt wird. Dabei dürfen subjektiv wertende Angaben und gewisse Übertreibungen enthalten sein. Allerdings ist eine irreführende Begründung nicht erlaubt.[178] Die in der Begründung dargestellten Tatsachen und rechtlichen Bewertungen müssen korrekt sein, um die Bürger nicht zu täuschen.[179]

Die Anforderungen an die Begründung dürfen nicht zu hoch sein, da auch Laien die Initiierung eines Bürgerbegehrens vornehmen können sollen.[180] Die Anforderungen variieren je nach Einzelfall und Komplexität des Vorhabens. Bei steigender Komplexität der Angelegenheit erhöhen sich die Ansprüche.[181]

Es besteht keine Notwendigkeit, auf die bisherige Entscheidungslage der Kommune hinzuweisen. Die Bürger müssen eigenständig beurteilen, ob sie die meist einseitig vorgebrachten Argumente des Bürgerbegehrens als stichhaltig und ausreichend ansehen oder ob sie sich auch aus anderen Quellen informieren müssen.[182]

Es ist aus Sicht der Initiative empfehlenswert, einen persönlichen Bezug der Bürger herzustellen. Wenn die individuelle Betroffenheit verdeutlicht wird, kann dies die potenziellen Unterzeichner besser mobilisieren.[183] Je klarer die Konsequenzen dargelegt werden und je stärker der Einfluss wahrgenommen wird, desto höher ist die Beteiligungsrate.[184]

---

178 Vgl. VG Hannover, Urt. v. 05.06.2018, Az. 1 A 4391/16, BeckRS 2018, S. 15532, Rn. 30 f.

179 Vgl. VG Hannover, Urt. v. 05.06.2018, Az. 1 A 4391/16, BeckRS 2018, S. 15532, Rn. 30 f.

180 Vgl. OVG Münster, Urt. v. 13.06.2017, Az. 15 A 1561/15, NVwZ-RR 2017, S. 1027 (1030).

181 Vgl. Seybold in BeckOK-Komr, § 32 NKomVG, Rn. 29.

182 Vgl. VGH München, Urt. v. 17.05.2017, Az. 4 B 16.1856, NVwZ-RR 2018, S. 71, Rn. 35.

183 Vgl. Windhoff-Heritier, 1982, S. 312 ff.; Brettschneider, 2016, S. 228.

184 Vgl. Brettschneider, 2016, S. 228.

#### *4.1.2.7 Anzeige des Bürgerbegehrens*

Das Bürgerbegehren muss gemäß § 32 Abs. 3 Satz 4 NKomVG schriftlich angezeigt werden. Im Gegensatz zu den Unterschriften gemäß § 32 Abs. 6 Satz 1, 2 NKomVG kann die Anzeige auch elektronisch erfolgen, sofern die Voraussetzungen des § 3a Abs. 2 VwVfG in Verbindung mit § 1 Abs. 1 des Niedersächsischen Verwaltungsverfahrensgesetzes (NVwVfG) erfüllt sind. Die Anzeige informiert die kommunalen Gremien über das Bürgerbegehren.

Es besteht die Möglichkeit in der Anzeige gemäß § 32 Abs. 3 Satz 5 NKomVG eine Vorab-Zulässigkeitsentscheidung durch den Hauptausschuss zu beantragen. Der Hauptausschuss entscheidet daraufhin gemäß § 32 Abs. 4 Satz 5 NKomVG unverzüglich über das Vorliegen der Voraussetzungen gemäß § 32 Abs. 2, Abs. 3 Satz 1-3 NKomVG. Die abschließende Zulässigkeitsentscheidung betrifft dann lediglich die fristgerechte Sammlung der Unterstützungsunterschriften.

#### *4.1.2.8 Sammlung der Unterstützungsunterschriften*

Nachfolgend werden die Bedingungen für eine ordnungsgemäße Sammlung der Unterstützungsunterschriften erläutert. Die Unterzeichner des Begehrens müssen Bürger sein. Hierbei gelten die im Abschnitt 4.1.1 genannten Voraussetzungen.

Die Erfüllung der Voraussetzungen muss zum Zeitpunkt der Unterzeichnung gegeben sein. Da Bürgerbegehren und Bürgerentscheid stark an das Wahlverfahren angelehnt sind, kann § 30a Abs. 3 des Niedersächsischen Kommunalwahlgesetzes (NKWG) analog angewandt werden. Falls die Wahlberechtigung, etwa aufgrund eines Umzugs oder Todesfalls, entfällt, wird die Unterschrift nicht ungültig, da der Bürger hat zum Zeitpunkt der Unterzeichnung seine Unterstützung zum Ausdruck gebracht hat.

##### 4.1.2.8.1 Antragsquorum

Für ein Bürgerbegehren ist eine festgelegte Anzahl von Unterstützungsunterschriften gemäß § 32 Abs. 5 Satz 1 NKomVG erforderlich. Dadurch wird sichergestellt, dass die zu entscheidende Sachfrage in der Kommune eine gewisse Bedeutung hat. Die Unterschriften verleihen der Entscheidung eine gewisse demokratische Legitimation.[185] Dies schützt die Kontinuität der Arbeit der Vertretung sowie die Bürger vor aussichtslosen Abstimmungsaufrufen.[186] Gleichzeitig darf das Quorum jedoch nicht so hoch sein, dass ein Bürgerentscheid praktisch unmöglich wird.

Um dieses Gleichgewicht zu wahren, hat der Gesetzgeber 2016 das Antrags- bzw. Unterstützungsquorum gesenkt.[187] Die Anzahl der benötigten Unterschriften variiert je nach Einwohnerzahl. Es gibt unterschiedliche Quoten für Kommunen mit bis zu 100.000 Einwohnern (10%-Quorum), Kommunen mit 100.001 bis 200.000 Einwohnern (7,5 %-Quorum) und Kommunen mit mehr als 200.000 Einwohnern (5 %-Quorum).

Diese Regelung berücksichtigt, dass in größeren Kommunen – auch aufgrund ihrer geografischen Ausdehnung – weniger Bürger von einer Entscheidung betroffen sind. Zudem ist das Interesse an kommunalen Angelegenheiten insbesondere in größeren Städten aufgrund heterogener Bevölkerungsstrukturen tendenziell geringer.[188]

Gemäß § 32 Abs. 5 Satz 2 NKomVG ist die bei der letzten Kommunalwahl ermittelte Anzahl der Wahlberechtigten maßgebend. Der Begriff „Kommunalwahl“ ist nicht legaldefiniert. Auch das NKWG, das gemäß § 47 Abs. 1 Satz 2 NKomVG detaillierte Vorschriften enthält, hat diesen Begriff nicht näher erläutert. Aus dem Regelungsgehalt des Gesetzes wird jedoch klar, dass der Begriff „Kommunalwahl“ als übergeordneter Terminus für verschiedene kommunale Wahlen verstanden werden soll. Hierzu zählen nicht nur die allgemeine Kommunalwahl, sondern auch Direkt- oder

185 Vgl. Wefelmeier in PdK-Nds., § 32 NKomVG, Rn. 83.

186 Vgl. Dustmann, 2000, S. 93.

187 Vgl. LT-Drs. 17/5423, S. 34.

188 Vgl. LT-Drs. 17/6746, S. 2; Wefelmeier in PdK-Nds., § 32 NKomVG, Rn. 86.

Neuwahlen. Der Sinn und Zweck liegt darin, dass die Kommune bei der Festlegung des Unterschriftenquorums eine möglichst aktuelle Bezugsgröße verwenden kann, ohne gesonderte Ermittlungen aufgrund des Bürgerbegehrens durchführen zu müssen.

#### 4.1.2.8.2 Fristen

Die notwendigen Unterschriften müssen gemäß § 32 Abs. 6 NKomVG innerhalb einer bestimmten Frist gesammelt und eingereicht werden. Der Gesetzgeber unterscheidet hier nach der Art des Begehrens: Während bei initiierenden Begehren die Unterschriften gemäß § 32 Abs. 6 Satz 1 NKomVG innerhalb von sechs Monaten eingereicht werden müssen, beträgt die Frist bei kassatorischen Begehren gemäß § 32 Abs. 6 Satz 4 NKomVG nur drei Monate ab dem Tag der Bekanntgabe des betroffenen Beschlusses.

Kassatorische Begehren richten sich gegen einen Beschluss der Vertretung, während initiierende Begehren allein auf eine Initiative der Bürger zurückgehen.[189] Die kürzere Frist bei kassatorischen Begehren dient der Sicherstellung einer verlässlichen kommunalen Entscheidungsfindung.[190] Im Gegensatz dazu können initiierende Begehren jederzeit angezeigt werden.

Bei einem initiierenden Begehren beginnt die Frist gemäß § 32 Abs. 6 Satz 3 NKomVG in Verbindung mit § 187 Abs. 2 BGB analog einen Monat nach Eingang der Kostenschätzung der Kommune bei den Vertretungsberechtigten. Diese Regelung gewährleistet, dass die Zeit nicht durch die Erstellung der Kostenschätzung seitens der Kommune verkürzt wird.[191] Den Vertretungsberechtigten wird durch den Gesetzgeber diese Zeit eingeräumt, um die Kostenschätzung – gegebenenfalls unter fachkundiger Beratung – zu prüfen und gegebenenfalls eine eigene Kostenschätzung vorzunehmen.[192]

---

189 Vgl. Seybold in BeckOK-Komr, § 32 NKomVG, Rn. 35.

190 Vgl. Wefelmeier in PdK-Nds., § 32 NKomVG, Rn. 100.

191 Vgl. LT-Drs. 18/9075, S. 22.

192 Vgl. Steinmetz, 2022, S. 31.

Gemäß dem ausdrücklichen Wortlaut des § 32 Abs. 6 Satz 4 NKomVG beginnt die Frist bei kassatorischen Begehren nach der öffentlichen oder zumindest ortsüblichen Bekanntmachung des Beschlusses der Vertretung. Hierbei ist nicht der Zeitpunkt des Beschlusses entscheidend, sondern der Zeitpunkt der Bekanntmachung. Die Dauer der Kostenschätzung geht zulasten der Initiatoren. Angesichts der ohnehin verkürzten dreimonatigen Frist wird durch diese Regelung die Sammlung der Unterstützungsunterschriften weiter erschwert.[193] Zusätzlich können sämtliche Vorbereitungsschritte erst während der Frist durchgeführt werden, beispielsweise die Formulierung des Begehrens.

Die Unterscheidung zwischen initiierenden und kassatorischen Begehren kann in bestimmten Fällen problematisch sein. Praktische Relevanz gewinnt diese in den Situationen, in denen die Frist für kassatorische Begehren bereits abgelaufen ist. Für die Einordnung als kassatorisches Begehren spielt es keine Rolle, ob das Begehren auch Aspekte enthält, die bisher nicht von der Vertretung beschlossen wurden.[194] Entscheidend ist, ob das Bürgerbegehren bei vernünftiger Interpretation ein von der Vertretung beschlossenes Regelungsprogramm nicht nur in Bezug auf ein nebensächliches Detail aufheben oder ändern möchte.[195]

#### 4.1.2.8.3 Inhalt des Unterschriftsbogens

Um sicherzustellen, dass die Bürger vor der Unterzeichnung des Unterschriftsbogens alle relevanten Informationen über das Bürgerbegehren erhalten, um Missverständnisse zu vermeiden und

193 So wohl auch Seybold in BeckOK-Komr, § 32 NKomVG, Rn. 36; Wefelmeier in PdK-NKomVG, § 32 NKomVG, Rn. 108.

194 Vgl. OVG Münster, Beschl. v. 23.03.2018, Az. 15 B 337/18, BeckRS 2018, S. 5280, Rn. 8.

195 Vgl. OVG Münster, Beschl. v. 23.03.2018, Az. 15 B 337/18, BeckRS 2018, S. 5280, Rn. 8.

Manipulationen auszuschließen, gibt es klare Vorschriften für die Gestaltung des Unterschriftsbogens.[196]

Gemäß § 32 Abs. 5 Satz 3 NKomVG muss jeder Unterschriftsbogen den vollständigen Wortlaut des Bürgerbegehrens enthalten. Es ist insbesondere nicht gestattet, diesen Text nur auf der ersten Seite einer mit Schnellhefter verbundenen Unterschriftenliste zu platzieren. Dies verhindert eine nachträgliche Verbindung von Unterschriftenlisten mit dem Text des Begehrens und damit eine nachträgliche Manipulation. Es wird dadurch sichergestellt, dass Unterzeichner zum Zeitpunkt der Unterschrift den vollständigen Text des Bürgerbegehrens vorliegen hatten.[197]

Zusätzlich sollte ein deutlicher Hinweis auf den Unterschriftsbogen aufgenommen werden, dass es sich bei der Unterschriftensammlung um ein Bürgerbegehren handelt. Andernfalls könnte es Ähnlichkeiten mit Petitionen oder Einwohneranträgen geben, was zur Klarheit vermieden werden sollte. Eine klare Benennung ist jedoch nicht zwingend erforderlich, solange aus dem Kontext eindeutig hervorgeht, dass die Bürgerschaft die Entscheidung über eine Sachfrage selbst in die Hand nehmen möchte.

Um den Vertretungsberechtigten die nötige Legitimation zu verleihen, müssen diese auf jeder Unterschriftenliste benannt werden. Dabei sollte auch ausdrücklich erwähnt werden, dass diese Personen die Vertretungsberechtigten sind.[198]

Zudem gelten gemäß § 32 Abs. 5 Satz 4 NKomVG die Regelungen des § 31 Abs. 3 Satz 2 NKomVG für die Gültigkeit von Unterschriften. Die unterzeichnenden Personen müssen Namen, Adresse und Geburtsdatum eindeutig erkennen lassen. § 32 Abs. 5 Satz 5 NKomVG erklärt Eintragungen ohne Angabe des Unterzeichnungsdatums oder vor Ablauf der Frist gemäß § 32 Abs. 6 Satz 3

196 Vgl. Heusch u. Dickten, NVwZ 2020, 366.

197 Vgl. OVG Lüneburg, Urt. v. 04.12.2019, Az. 10 LC 43/19, BeckRS 2019, S. 31619, Rn. 32.

198 Vgl. OVG Münster, Urt. v. 13.06.2017, Az. 15 A 1561/15, NVwZ-RR 2017, S. 1027 (1027).

NKomVG als ungültig. Die Unterschrift bestätigt das Verständnis der Fragestellung, der Begründung und der Kostenschätzung und signalisiert gleichzeitig die Unterstützung des Begehrens.[199]

In Bezug auf die persönliche Unterschrift können die rechtlichen Vorschriften des Kommunalwahlrechts herangezogen werden.[200] Es ist unproblematisch, wenn beispielsweise Menschen mit körperlichen Beeinträchtigungen Unterstützung in Anspruch nehmen, um sich am Bürgerbegehren zu beteiligen, solange der eigene Wille bekundet wird gemäß § 26 Abs. 3 des Niedersächsischen Landeswahlgesetzes (NLWG). Denkbar wäre beispielsweise Hilfe bei der Angabe persönlicher Informationen. Eine stellvertretende Unterschrift durch eine bevollmächtigte Person ist jedoch nicht erlaubt.[201]

#### 4.1.2.8.4 Datenschutz

Bei der Erhebung der Unterschriften gelten die Bestimmungen des Datenschutzes. Die Vertretungsberechtigten und die Personen, die die Unterschriften sammeln, sind gemäß Art. 4 Nr. 7 DSGVO als Verantwortliche anzusehen. Hierbei werden persönliche Daten erfasst und verarbeitet. Die Grundlage für die Datenerhebung gemäß Art. 6 Abs. 1 Satz 1 lit. a DSGVO ist § 32 NKomVG. Es ist erforderlich, eine Einwilligung einzuholen, um die Erfassung und Verarbeitung der personenbezogenen Daten rechtmäßig zu gestalten.

Da die Daten der früheren Unterzeichner von späteren Unterzeichnern auf demselben Blatt eingesehen werden können, handelt es sich um eine Offenlegung von Daten gemäß Art. 4 Nr. 2 DSGVO. Die Notwendigkeit der Datenverarbeitung ist eine Voraussetzung für die Rechtmäßigkeit. Die Offenlegung der persönlichen Daten der Mitunterzeichner gegenüber späteren Unter-

199 Vgl. Wefelmeier in PdK-Nds., § 32 NKomVG, Rn. 90.

200 Vgl. MI, Erl. v. 31.03.2020, S. 2 f. zur Anwendung kommunalwahlrechtlicher Vorschriften auf Bürgerentscheide, die auch für das Verfahren bei Bürgerbegehren herangezogen werden können.

201 Vgl. Wefelmeier in PdK-Nds., § 32 NKomVG, Rn. 90.

zeichnern ist nicht automatisch gerechtfertigt. Praktische Überlegungen, wie das Sammeln mehrerer Unterschriften auf einem Blatt, führen nicht zur Erforderlichkeit der Datenverarbeitung. Da allerdings bisher keine technischen Sammlungen durch den Gesetzgeber zugelassen sind, ist die analoge Sammlung der Unterschriften notwendig. Die Praxis, Unterstützungsunterschriften mittels ausgelegter Listen ohne Überwachung zu sammeln, wird von der LfD kritisiert. Eine Aufsicht soll sicherstellen, dass die persönlichen Daten auf den Listen nicht durch Fotografien, Kopien usw. weitergegeben werden. Die Datenschutzbehörde empfiehlt darüber hinaus, die bereits vorhandenen Unterschriften mit einem Blatt Papier zu bedecken. Des Weiteren sollten auf einer Seite maximal acht Einträge vorgenommen werden.[202]

Ein Hinweis zum Zweck der Datenverarbeitung sollte auf den Listen vermerkt sein. Die folgende Formulierung wird von der Datenschutzbehörde empfohlen: „Die erhobenen personenbezogenen Daten dürfen nur für das Bürgerbegehren XYZ verarbeitet werden."[203]

Zusätzlich sind die Informationspflichten gemäß Art. 13 DSGVO zu erfüllen. Die erforderlichen Informationen sollten auf Hinweisschildern zusammengefasst werden, die an allen Sammelstellen so platziert werden, dass die Unterzeichner diese gut einsehen können. Die Größe des Schildes sollte mindestens A5-Format betragen.[204]

Für eine datenschutzkonforme Unterschriftenliste sind folgende Informationen erforderlich:

- Namen und Kontaktdaten der Vertretungsberechtigten und der Sammler der Unterschriften als sammelnde Stelle und verantwortliche Personen.
- Zweck der Datenverarbeitung unter Angabe der Rechtsgrundlagen, also: Sammlung und Verarbeitung zur Unterstützung des

---

202 Vgl. LfD, 2023, S. 1.

203 LfD, 2023, S. 1.

204 Vgl. LfD, 2023, S. 1.

Bürgerbegehrens XYZ, RGL: Art. 6 Abs. 1 lit. a DSGVO, § 32 NKomVG.

- Empfänger der personenbezogenen Daten, also der Hauptverwaltungsbeamte der Kommune. Die Kommune wird mit Einreichung der Unterschriftenliste zum Verantwortlichen für die Datenverarbeitung gemäß Art. 4 Nr. 7 DSGVO.
- Die Speicherdauer bzw. die Kriterien für deren Festlegung, also Speicherung bis zur Übergabe der Unterschriftsliste an die Kommune unter Beachtung der geltenden Einreichungsfrist.
- Ein Hinweis auf das Recht zum jederzeitigen Widerruf der Einwilligung mit Wirkung für die Zukunft.
- Eine Information über die Betroffenenrechte, d. h. Auskunft, Berichtigung, Löschung, Einschränkung der Verarbeitung, Widerspruchsrecht gegen die Verarbeitung, Recht auf Datenübertragbarkeit und das Beschwerderecht.

Jegliche weitere Verarbeitung der Daten (z. B. für Werbezwecke im Zusammenhang mit dem Begehren) sowie die Weitergabe der Daten an Dritte sind ausgeschlossen. Bei Verstößen gegen den Datenschutz können Anordnungen der Aufsichtsbehörde, Geldbußen und Schadenersatzansprüche der Betroffenen drohen.

## 4.2 Aufgaben der Kommune

### *4.2.1 Beratung der Initiatoren*

Der Hauptverwaltungsbeamte ist verpflichtet, auf Anforderung der Bürger, die ein Bürgerbegehren initiieren möchten, diese in rechtlichen Fragen zu beraten. Für diese Beratung werden keine Kosten erhoben, wie in § 32 Abs. 3 Satz 6 NKomVG festgelegt ist. Diese Bestimmung gewährleistet den Bürgern das Recht auf Beratung, das schriftlich oder mündlich eingefordert werden kann.[205] Dadurch sollen die Erfolgschancen von Bürgerbegehren erhöht

205 Vgl. LT-Drs. 17/5423, S. 33.

werden. Durch die Beratung können vermeidbare Fehler, insbesondere solche von formaler Natur, vermieden werden.[206]

Die Pflicht zur Beratung gilt nicht für den Hauptverwaltungsbeamten als Einzelperson, sondern als Vertreter der Kommune. Dementsprechend kann diese Beratung von Verwaltungsmitarbeitern durchgeführt werden.[207] Die Verpflichtung bezieht sich auf rechtliche Fragen im Zusammenhang mit dem Bürgerbegehren, etwa Fragen zu Themenbeschränkungen oder dem Verfahren, wie z. B. der Formulierung der Fragestellung und der Gestaltung der Unterschriftsbögen. Eine detaillierte fachliche Beratung zum Inhalt des Begehrens ist jedoch nicht eingeschlossen.[208]

Um eine kooperative Zusammenarbeit zu fördern, sollte die Beratung nicht nur auf explizite Fragen beschränkt sein. Es ist ratsam, regelmäßig auf die Option hinzuweisen, eine Vorabentscheidung zur Zulässigkeit gemäß § 32 Abs. 3 Satz 5 NKomVG zu beantragen.[209] Dies hat das Ziel, Frustration zu vermeiden, wenn genügend Unterstützungsunterschriften gesammelt wurden, das Begehren jedoch aus vordefinierten Gründen von Anfang an unzulässig war.[210]

### *4.2.2 Erstellung einer Kostenschätzung*

Nach Eingang der Anzeige des Bürgerbegehrens muss die Kommune eine Schätzung der Kosten für die Umsetzung der geforderten Sachentscheidung erstellen, außer die geforderte Maßnahme verursacht keinerlei Kosten.[211]

Die Anforderungen an die Kostenschätzung werden in der Gesetzesbegründung näher erläutert. Die Schätzung muss nachvollzieh-

---

206 Vgl. Notbohm, NdsVBl. 03/2018, S. 67.

207 Vgl. LT-Drs. 17/5423, S. 33.

208 Vgl. Notbohm, NdsVBl. 03/2018, S. 66.

209 Vgl. Hartmann, 2023, S. 280 f., Rn. 74e.

210 Siehe auch Abschnitt 4.1.9.

211 Vgl. Seybold in BeckOK-KomR, § 32 NKomVG, Rn. 28; Dietlein in BeckOK-NRW, § 26 GO NRW, Rn. 14.

bar und im Wesentlichen vollständig sein und auf genauen Fakten beruhen.[212] Der Begriff „Schätzung“ deutet bereits darauf hin, dass es sich nicht um eine exakte Bestimmung handeln kann oder soll. Vielmehr basiert eine Schätzung auf Unsicherheiten und stellt eine Vorhersage dar. Die Kommune hat dabei einen gewissen Entscheidungsspielraum.[213] Sie muss sorgfältig zwischen der Notwendigkeit zur Beschleunigung und dem Informationsinteresse der Bürger abwägen.

Es müssen die unmittelbar mit dem Begehren verbundenen Kosten berücksichtigt werden, wie beispielsweise Planungs-, Anschaffungs- und Baukosten. Auch Folgekosten, wie Betriebskosten, müssen wie es in § 32 Abs. 4 Satz 1 und 2 NKomVG festgelegt ist, angegeben werden. Diese binden die Finanzen der Kommune über Jahre hinweg.[214] Der Bezugszeitraum sollte sich auf ein Kalenderjahr beziehen und somit vergleichbar zur Angabe im Haushaltsplan dargestellt werden. Dabei sollte die Kommune nicht nur reine Kostenpositionen berücksichtigen. Es ist ein weiterer, umfassenderer Kostenbegriff zu verwenden, der über den reinen Ressourcenverbrauch hinausgeht. Dazu gehören beispielsweise Einnahmeausfälle, die die Kommune tatsächlich erzielt hat und nicht nur hätte erzielen können.[215] Ebenso sollten Vermögensminderungen aufgrund des Unterlassens von kostenmindernden Maßnahmen, Vertragsstrafen oder Rückabwicklungskosten für bereits begonnene Maßnahmen berücksichtigt werden.[216] Nicht zu berücksichtigen sind „Vermögensfolgen, deren Zurechnungszusammenhang zu dem beabsichtigten Ziel nicht hergestellt werden kann“[217].

---

212 Vgl. LT-Drs. 18/9075, S. 20.

213 Vgl. OVG NRW, Urt. v. 07.10.2020, Az. 15 A 2927/18, BeckRS 2020, S. 27713, Rn. 38.

214 Vgl. Wefelmeier, NdsVBl. 10/2014, S. 273.

215 Vgl. VGH BW, Beschl. v. 13.06.2018, Az. 1 S 1132/18, KommJur 2019, S. 135 (136).

216 Vgl. Steinmetz, 2022, S. 30.

217 OVG NRW, Beschl. v. 19.03.2004, Az. 15 B 522/04, NVwZ-RR 2004, S. 519, Rn. 17, 20.

Kosten, die durch das Verfahren des Bürgerbegehrens und des Bürgerentscheids entstehen, dürfen nicht in die Kostenschätzung einfließen, da der Wortlaut vorschreibt, dass nur die Kosten aus der Umsetzung der geforderten Sachentscheidung berücksichtigt werden. Daher können die Kosten für die gebundene Verwaltungskraft oder die Kosten des Abstimmungsverfahrens nicht einbezogen werden.

Falls eine Vorabentscheidung zur Zulässigkeit beantragt wurde[218], wird darüber gemäß § 32 Abs. 4 Satz 3 und 5 NKomVG noch vor der Kostenschätzung entschieden. Dadurch wird der Verwaltungsaufwand im Fall einer abschlägigen Zulässigkeitsentscheidung minimiert.

Die Kostenschätzung muss vollständig in die Unterschriftenliste aufgenommen werden. Andernfalls ist das Bürgerbegehren unzulässig.[219] Auf den Unterschriftenlisten ist allerdings nur begrenzter Platz für eine zusammenfassende Kostenschätzung.[220] Die Kostenschätzung muss den Vertretungsberechtigten gemäß § 32 Abs. 4 Satz 6 NKomVG unverzüglich schriftlich oder elektronisch mitgeteilt werden. Dadurch wird die Verzögerung durch diesen zusätzlichen Schritt begrenzt. Aufgrund der unterschiedlichen Komplexität wurde bewusst auf eine genaue Frist durch den Gesetzgeber verzichtet. Die Kommune ist dafür verantwortlich, angemessene organisatorische Maßnahmen zu treffen, um dem Prinzip der Unverzüglichkeit gerecht zu werden.[221] Besonders bei kassatorischen Begehren, bei denen die Einreichungsfrist nicht erst nach Erhalt der Kostenschätzung beginnt, ist eine zügige Kostenschätzung durch die Verwaltung auch aus Fairnessgründen geboten.

Die Regelung zur Kostenschätzung durch die Kommune wurde im November 2021 in das NKomVG aufgenommen. Bis November 2016

218 Siehe im Einzelnen Abschnitt 4.2.3.

219 Vgl. OVG Münster, Urt. v. 07.10.2020, Az. 15 A 2927/18, BeckRS 2020, S. 27713, Rn. 58.

220 Vgl. Steinmetz, 2022, S. 30.

221 Vgl. Steinmetz, 2022, S. 29.

war eine Kostendeckungsempfehlung der Initiatoren erforderlich. Dadurch sollten die Bürger nachweisen, dass sie sich Gedanken über die Finanzierung der geforderten Sachentscheidung gemacht haben.[222] Da die benötigten Finanzmittel auch für andere Projekte zum Wohl der Kommune genutzt werden können, sollte der finanzielle Aufwand verdeutlicht werden und eine angemessene Relation zwischen dem Zweck und den Mitteln aufgezeigt werden.[223] Viele Bürgerbegehren scheiterten an dieser Zulässigkeitsvoraussetzung, weshalb der Kostendeckungsvorschlag abgeschafft wurde, um die Erfolgschancen von Bürgerbegehren zu erhöhen.[224] Zudem gestalteten sich die Anforderungen an den Kostendeckungsvorschlag als schwierig festzulegen, besonders vor dem Hintergrund, dass die Initiatoren in der Regel Laien sind.

Zu dieser Zeit wurde von den Initiatoren mehr verlangt als von einer Fraktion oder Gruppe, die einen Beschlussantrag einbringt.[225] Zudem erhielten die Bürger in der Praxis nicht immer die nötigen Informationen über die Kosten, um eine fundierte Entscheidung zur Kostendeckung treffen zu können.[226] Der Kostendeckungsvorschlag erforderte nicht nur eine Schätzung zu den entstehenden Kosten, sondern darüberhinausgehend auch einen Vorschlag, durch welche Maßnahmen die Kosten finanziert werden können.

Um das Augenmerk wieder stärker auf die anfallenden Kosten zu lenken, wurde die Verwaltung mit der letzten Gesetzesaktualisierung im Jahr 2021 beauftragt, eine Kostenschätzung zu erstellen. Dadurch wird die Kostenfrage wieder formaler Bestandteil des Bürgerbegehrens. Diese Regelung kann als ein Kompromiss zwischen

222 Vgl. OVG Schleswig, Urt. v. 20.09.2006, Az. 2 LB 8/06, NVwZ-RR 2007, S. 478 (478); Notbohm, NdsVBl. 03/2018, S. 65.
223 Vgl. Seybold in BeckOK-Komr, § 32 NKomVG, Rn. 26.
224 Vgl. LT-Drs. 17/5423, S. 32.
225 Vgl. Notbohm, NdsVBl. 03/2018, S. 66.
226 Vgl. Steinmetz, 2022, S. 27.

den beiden vorherigen Rechtslagen in Niedersachsen betrachtet werden.[227]

Die Neuregelung entlastet die Initiatoren. Nun obliegt es der Kommune die Kostenschätzung vorzunehmen. Gleichzeitig sind die Vertretungsberechtigten nicht verpflichtet eine eigene Kostenschätzung vorzulegen. Die Verwaltung verfügt über die nötigen Kompetenzen, um eine professionelle Schätzung durchzuführen.[228] Die Initiatoren müssen sich mit dieser Kostenschätzung allerdings auseinandersetzen, da sie auf den Unterschriftenliste für das Bürgerbegehren aufgenommen werden muss. Dadurch werden die prognostizierten Kosten der Verwaltung zu einem Kriterium für potenzielle Unterstützer.[229]

Die Initiatoren haben die Möglichkeit, eine eigene abweichende Kostenschätzung vorzunehmen, wie in § 32 Abs. 4 Satz 7, 8 NKomVG vorgesehen ist. Dies ist besonders relevant, da an der Neuregelung kritisiert wurde, dass potenzielle Unterstützer durch den offiziellen Charakter der Schätzung durch die Kommune beeinflusst werden.[230] Die Gegendarstellung würde gemäß § 32 Abs. 4 Satz 7 NKomVG in die Begründung des Bürgerbegehrens integriert werden. In diesem Fall werden beide Standpunkte auf der Unterschriftenliste abgedruckt, was jedoch aufgrund des begrenzten Platzes zu einer kürzeren Begründung führen kann.[231]

Das Bürgerbegehren, das durch eine eigene Kostenschätzung der Initiatoren ergänzt wurde, muss der Kommune gemäß § 32 Abs. 4 Satz 9 NKomVG erneut mitgeteilt werden.

227 Vgl. Seybold, 2022, S. 10.
228 Vgl. Steinmetz, 2022, S. 27.
229 Vgl. Steinmetz, 2022, S. 27.
230 Vgl. Schellenberger, 2020, S. 522.
231 Vgl. Steinmetz, 2022, S. 29.

### *4.2.3 Zulässigkeitsentscheidung*

Der Hauptausschuss hat gemäß § 32 Abs. 7 Satz 1 NKomVG die Pflicht, unverzüglich über die Zulässigkeit des Bürgerbegehrens zu entscheiden, um Verzögerungen bei der Umsetzung zu verhindern und sicherzustellen, dass die Vertretung nicht vor der Zulässigkeitsentscheidung eine dem Begehren entgegenstehende Sachentscheidung trifft, um diesem die Grundlage zu entziehen.[232] Gleichzeitig besteht eine gewisse Flexibilität, da der Gesetzgeber bewusst keine genaue Frist festgelegt hat, da die juristische Beantwortung, ob die Zulässigkeitsvoraussetzungen vorliegen, von unterschiedlicher Komplexität gekennzeichnet ist.

Der Hauptausschuss verfügt bei dieser Entscheidung weder über Ermessen noch einen inhaltlichen Spielraum für die Entscheidung. Die Entscheidung beschränkt sich auf eine inhaltliche Bewertung der Zulässigkeitsvoraussetzungen, was bei Kollegialorganen eher untypisch ist.

Gemäß § 32 Abs. 3 Satz 5 NKomVG kann in der Anzeige des Bürgerbegehrens eine Vorabentscheidung über die Erfüllung der formalen Fragen gemäß der § 32 Abs. 3 Satz 1-3, Abs. 2 NKomVG beantragt werden. Diese Fragen können bereits vor Beginn der Unterschriftensammlung beantwortet werden. Die Entscheidung darüber muss den Vertretungsberechtigten unverzüglich mitgeteilt werden, wie in § 32 Abs. 4 Satz 3 NKomVG festgelegt. Durch die Vorabentscheidung können die Initiatoren bereits frühzeitig im Verfahren erfahren, ob die allgemeinen Zulässigkeitskriterien erfüllt sind. Bevor diese mit der aufwendigen Unterschriftensammlung beginnen, können diese so Informationen erhalten und die Gelegenheit zur Korrektur nutzen.[233]

Die Kommune ist an das Ergebnis der Vorabentscheidung gebunden. So ist es zum Beispiel bei der abschließenden Zulässigkeitsentscheidung irrelevant, dass nicht alle Vertretungsberechtigten

---

232 Vgl. Wefelmeier in PdK-Nds., § 32 NKomVG, Rn. 129.

233 Vgl. LT-Drs. 16/785, S. 25.

den Antrag unterzeichnet haben, solange dies nicht zur Unzulässigkeit in der Vorabentscheidung geführt hat.[234] Das OVG Lüneburg begründete diese Bindung damit, dass der Gesetzestext die endgültige Prüfung der Zulässigkeit auf die Unterschriftensammlung beschränkt hat. Wenn der Hauptausschuss nach Belieben von seiner ursprünglichen Entscheidung abweichen könnte, würde dies Frustration, Proteste und Resignation in der Bevölkerung hervorrufen.[235] Dies könnte den Eindruck erwecken, dass Bürgerbeteiligung nicht wirklich möglich sei. Ohne Bindungswirkung der Vorabentscheidung würde das gesamte Verfahren entwertet.[236]

Jedes als unzulässig eingestufte Begehren mindert das Engagement der Initiatoren und Unterstützer. Die Hürde, in einem solchen Fall erneut ein Bürgerbegehren zu starten, dürfte steigen.[237] In Anbetracht dieser Umstände ist die Regelung der Vorabentscheidung über die Zulässigkeit hilfreich, um die ablehnende Entscheidung zumindest vor der zeitaufwändigen Sammlung der Unterstützungsunterschriften zu klären.

## 4.3 Sperrwirkung

Nach Feststellung der Zulässigkeit eines Bürgerbegehrens darf gemäß § 32 Abs. 8 NKomVG bis zum Tag des Bürgerentscheids keine Entscheidung getroffen werden, die dem Begehren widerspricht, und es darf keine Maßnahme zur Durchführung einer solchen Entscheidung ergriffen werden, es sei denn, die Kommune ist gesetzlich dazu verpflichtet. Dadurch soll „die Entwertung eines zulässigen Bürgerbegehrens“[238] vermieden werden. Sollte die Kommune nach der Zulässigkeitsfeststellung, also nach Vorlage und Über-

234 Vgl. OVG Lüneburg, Beschl. v. 02.03.2021, Az. 10 ME 14/21, BeckRS 2021, S. 3032 (3032).
235 Vgl. Schmidt, NWvZ 2021, S. 583.
236 Vgl. Schmidt, NWvZ 2021, S. 583.
237 Vgl. Wefelmeyer in PdK-Nds., § 32 NKomVG, Rn. 4.
238 Notbohm, NdsVBl. 03/2018, S. 67.

prüfung aller Unterstützungsunterschriften, durch Handlungen und Entscheidungen den folgenden Bürgerentscheid untergraben, würde dies das Vertrauen in die Politik und die direkte demokratische Teilhabe erheblich schädigen.[239]

Eine Ausnahme von der Sperrwirkung tritt ein, wenn die Kommune gesetzlich verpflichtet ist, eine Handlung auszuführen, die dem zulässigen Bürgerbegehren widerspricht.[240] Dies ist insbesondere bei Verpflichtungen zur Gefahrenabwehr denkbar.[241] Eine bloße vertragliche Verpflichtung genügt nicht. Die Kommune darf insbesondere nicht versuchen, die Sperrwirkung des Begehrens durch nachträgliche vertragliche Verpflichtungen zu umgehen.

Eine positive Vorabentscheidung des Hauptausschusses gemäß § 32 Abs. 3 Satz 5 NKomVG löst die Sperrwirkung nach § 32 Abs. 8 NKomVG nicht aus. Etwas anderes gilt nur, wenn das Verhalten der Kommune den Verdacht nahelegt, dass diese bewusst und entgegen dem Grundsatz der Organtreue, das Begehren unterminieren möchte. Der Grundsatz findet auch hier Anwendung[242], weil der auf das Bürgerbegehren folgende Bürgerentscheid eine vergleichbare Wirkung wie der Beschluss der Vertretung hat.

Die Einführung der Sperrwirkung erfolgte im Jahr 2016. Davor war es der Vertretung möglich, auch nach einer positiven Zulässigkeitsentscheidung, Handlungen vorzunehmen, die dem Inhalt des Bürgerbegehrens entgegenstehen. Die Einführung wurde von den Kommunalen Spitzenverbänden kritisiert, da sie zu einem Verbot der Handlungsfreiheit der Vertretungen führt.[243] Zum Zeitpunkt der Zulässigkeitsentscheidung steht noch nicht fest, dass die Entscheidung von einer Mehrheit der Bürger befürwortet wird. Daraus resultiert die Gefahr, dass nur die blockierende Wirkung der Anlass eines Bürgerbegehrens ist, um ein politisches Vorhaben zu

---

239 Vgl. Notbohm, NdsVBl. 03/2018, S. 68.

240 Vgl. Notbohm, 2018, NdsVBl. 03/2018, S. 67.

241 Vgl. LT-Drs. 17/6467, S. 2 f.

242 Siehe im Einzelnen Abschnitt 4.7.1.

243 Vgl. LT-Drs. 17/5423, S. 34.

verzögern, obwohl das Begehren möglicherweise aussichtslos ist. Aufgrund der notwendigen Anzahl an Unterstützungsunterschriften dürfte dies allerdings nur selten vorkommen.[244]

## 4.4 Abwendungsbefugnis

Die Vertretung kann einen Bürgerentscheid abwenden, indem diese vorab vollständig oder im Wesentlichen im Einklang mit dem Bürgerbegehren entscheidet, gemäß § 32 Abs. 7 Satz 5 NKomVG. In diesem Fall hat das Bürgerbegehren sein Ziel erreicht, wodurch der Aufwand und die Kosten für die Organisation vermieden werden können.[245]

Ob der Vertretungsbeschluss im Wesentlichen dem Bürgerbegehren entspricht, wird anhand objektiver Kriterien beurteilt und steht nicht zur Verhandlung zwischen den Initiatoren und der Kommune. Es genügt nicht, wenn die Vertretung dem Begehren nur teilweise zustimmt.

Der Abwendungsbeschluss der Vertretung hat nicht die gleiche Bindungswirkung wie ein erfolgreicher Bürgerentscheid. Darin besteht ein „gewisser Wertungswiderspruch“[246]. Die analoge Anwendung der Bindungswirkung wird jedoch abgelehnt, da es keine Anzeichen für eine unvollständige oder lückenhafte Regelung gibt.[247] Zusätzlich besitzt der Abwendungsbeschluss der Vertretung nicht die gleiche herausgehobene Bedeutung wie der Bürgerentscheid selbst, der zunächst die erforderliche Mehrheit erreichen müsste.

---

244 Vgl. Seybold, 2021, S. 385.

245 Vgl. Wefelmeier in PdK-Nds., § 32 NKomVG, Rn. 120. In der Praxis gibt es neben den formalen Abwendungsentscheidungen auch präventive „Entsprechensbeschlüsse“, die schon vor der Entscheidung über die Zulässigkeit getroffen werden, siehe Wefelmeier in PdK-Nds., § 32 NKomVG, Rn. 121.

246 Wefelmeier in PdK-Nds., § 32 NKomVG, Rn. 124.

247 Vgl. VG Oldenburg, Beschl. v. 21.02.2005, Az. 2 B 392/05, NVwZ-RR 2006, S. 58 (59).

Die Gefahr, dass die Vertretung solche Beschlüsse fasst, um den Bestand des Bürgerbegehrens zu untergraben, ist schon aus politischen Gründen sehr gering.[248]

Zuletzt ist es in der Gemeinde Schwülper im Landkreis Gifhorn dazu gekommen, dass der Rat nach Feststellung der Zulässigkeit entschieden hat, die Forderung der Initiatoren nach einem Skatepark an der Okerhalle, umzusetzen.[249] Ein Bürgerentscheid war nicht mehr durchzuführen.

## 4.5 Mitwirkungsverbot

Bei Entscheidungen der Kollegialorgane einer Kommune muss das Mitwirkungsverbot gemäß § 41 NKomVG beachtet werden. Der Hauptausschuss ist zuständig für die Entscheidung über die Zulässigkeit von Bürgerbegehren und ob die Kommune gegen eine mögliche Klage der Vertretungsberechtigten einen Rechtsbehelf einlegt.

Abgeordnete können von den Entscheidungen selbst betroffen sein oder über Angehörige, die als Vertretungsberechtigte oder zumindest als Unterzeichner auftreten und deshalb eine Bindung zum Bürgerbegehren haben. Das Mitwirkungsverbot, das darauf abzielt, nicht nur tatsächliche Befangenheit und Unsachlichkeit zu verhindern, sondern auch den Anschein von Parteilichkeit, Korruption und Eigenbegünstigung zu vermeiden[250], gilt gemäß § 54 Abs. 3 NKomVG für Abgeordnete.[251] Auch bei Beschlüssen des Hauptausschusses gilt das Mitwirkungsverbot gemäß § 78 Abs. 3 Satz 1 NKomVG.

248 Vgl. Wefelmeier in PdK-Nds., § 32 NKomVG, Rn. 125.

249 Vgl. Bergische Universität Wuppertal, 2023, o.S.

250 Vgl. Miller in PdK-Nds., § 41 NKomVG, Rn. 1.

251 Gleiches gilt gemäß § 87 Abs. 4 NKomVG für die Anwendbarkeit auf den Hauptverwaltungsbeamten.

Um den Zweck des Mitwirkungsverbots zu erfüllen, sollte bei der jeweiligen Beratung und Beschlussfassung auf das Vorliegen eines Mitwirkungsverbots geachtet werden.

### *4.5.1 Persönlicher Anwendungsbereich*

Die erste Bedingung für das Vorliegen eines Mitwirkungsverbots ist die persönliche Anwendbarkeit, wie diese insbesondere in § 41 Abs. 1 Satz 1 NKomVG festgelegt ist. Abgeordnete können gemäß § 41 Abs. 1 Satz 1 Nr. 1 selbst von der Entscheidung betroffen sein. In diesem Zusammenhang sind auch § 41 Abs. 1 Satz 1 Nr. 2 und Nr. 3 NKomVG von Bedeutung, wonach der persönliche Anwendungsbereich auch gegeben ist, wenn der Ehegatte, Lebenspartner oder Verwandte bis zum dritten Grad bzw. Verschwägerte bis zum zweiten Grad von der Entscheidung betroffen sind.

### *4.5.2 Sachlicher Anwendungsbereich*

Für den vorgenannten Personenkreis muss zusätzlich die Möglichkeit eines unmittelbaren Vor- oder Nachteils bestehen.

Unter einem Vor- bzw. Nachteil versteht man jede Form der Besser- bzw. Schlechterstellung. Dies kann sich auch auf immaterielle Werte beziehen.[252] Die Frage, ob ein Bürgerbegehren zulässig ist und somit die Möglichkeit eines Bürgerentscheids eröffnet wird, betrifft das ideelle Interesse der Vertretungsberechtigten und Unterzeichner des Bürgerbegehrens, die eine direktdemokratische Entscheidung über die Sachfrage anstreben. Die früher diskutierte Meinung, dass weder die Vertretungsberechtigten noch andere Personen durch die Zulassung des Bürgerbegehrens einen Vorteil erhalten würden, kann daher nicht unterstützt werden.

Es ist unbestreitbar, dass die Vertretungsberechtigten aufgrund ihrer Rolle als Vertreter des Bürgerbegehrens eine nochmals engere Beziehung zur Entscheidung über die Zulässigkeit haben als „bloße“ Unterzeichner. Die Vertretungsberechtigung verleiht den

---

252 Vgl. Miller in PdK-Nds., § 41 NKomVG, Rn. 24.

Beteiligten besondere Befugnisse und Eigenschaften in Bezug auf das Bürgerbegehren und somit eine herausragende verfahrensrechtliche Position. Die Entscheidung des Hauptausschusses gemäß § 32 Abs. 7 Satz 1 NKomVG kann ihnen eine besondere, von anderen Unterzeichnern unterscheidbare Rechtsposition verschaffen, da die Vertretungsberechtigten im Fall einer verwaltungsgerichtlichen Auseinandersetzung über die Zulässigkeit des Bürgerbegehrens originäre Gegner werden.[253] Diese Funktion bringt eine über die bloße Unterstützung eines politischen Anliegens hinausgehende Verantwortung für das Begehren mit sich. Die Vertretungsberechtigten haben das Bürgerbegehren häufig ins Leben gerufen und entsprechende Unterschriftenlisten erstellt. Sie gewährleisten im Allgemeinen die Einhaltung der Formvorschriften und eine ausreichende Begründung. Der Erfolg oder Misserfolg eines (un-)zulässigen Bürgerbegehrens wird von der Öffentlichkeit in besonderem Maße den Vertretungsberechtigten als Repräsentanten des Begehrens zugeschrieben.[254] Die Vertretungsberechtigten tragen daher eine größere Verantwortung für das Bürgerbegehren und die unterstützenden Bürger.[255]

Der Sinn und Zweck des Mitwirkungsverbots, schon den Anschein von Korruption oder Voreingenommenheit zu verhindern[256], wäre grundsätzlich gefährdet, wenn die vorstehend benannten Abgeordneten an Entscheidungen zu Bürgerbegehren mitwirken würden. Es ist nicht auszuschließen, dass das Abstimmungsverhalten des Hauptausschusses durch die Aktivitäten eines Abgeordneten oder einer ihm nahestehenden Person beeinflusst werden könnte. Aufgrund der Möglichkeit der Berücksichtigung ideeller Interessen[257] ist es daher gerechtfertigt, betroffene Abgeordnete grundsätzlich von der Beratung und Entscheidung auszuschließen. Diese

253 Vgl. Wefelmeier in PdK-Nds., § 32 NKomVG, Rn. 72 m.w.N.; Hotstegs, KommP Wahlen 02/2011, S. 90.

254 Vgl. Spies, 1999, S. 240.

255 Vgl. Spies, 1999, S. 240.

256 Vgl. Seybold in BeckOK-Nds, § 41 NKomVG, Rn. 1.

257 Vgl. Seybold in BeckOK-Nds, § 41 NKomVG, Rn. 20.

Regelung gilt auch für den Beschluss des Hauptausschusses über die Einlegung von Rechtsmitteln gegen Gerichtsentscheidungen. In einem Fall, in dem das VG Lüneburg zu einem Bürgerbegehren Stellung bezog, das eine Weisung für den Standort eines neuen Krankenhauses betraf, wurde festgestellt, dass den Vertretern des Bürgerbegehrens nicht zugemutet werden könne, allein im Hauptverfahren ihren Anspruch auf Zulassung des Bürgerbegehrens und Durchführung des Bürgerentscheids durchzusetzen. Eine Verzögerung könnte das Erreichen des Ziels des Bürgerbegehrens erheblich behindern und somit zu einer dauerhaften Benachteiligung führen. Außerdem könnten dadurch die politische Meinungsbildung und das Ergebnis eines Bürgerentscheids beeinflusst werden.[258] Aus diesen Gründen ist auch eine Entscheidung des Hauptausschusses über eine Beschwerde und das daraus resultierende Verfahren vor dem Oberverwaltungsgericht nachteilig für die Vertretungsberechtigten und Unterzeichner des Bürgerbegehrens.

Die genannten Vor- und Nachteile sind auch unmittelbar im Sinne von § 41 Abs. 1 Satz 2 NKomVG, da sie sich aus den Beschlüssen des Hauptausschusses ergeben, abgesehen von der Umsetzung durch den Hauptverwaltungsbeamten. Dies trifft insbesondere auf den Beschluss über eine Beschwerde zu, da der Suspensiveffekt die Rechtskraft der angefochtenen Entscheidung unterbindet.[259]

### *4.5.3 Ausnahmeregelungen*

Im Zusammenhang mit Entscheidungen über Bürgerbegehren ist in den meisten Fällen lediglich § 41 Abs. 1 Satz 3 NKomVG als Ausnahmeregelung zu prüfen. Gemäß dieser Vorschrift findet § 41 Abs. 1 Satz 1 NKomVG keine Anwendung, wenn ehrenamtlich Tätige lediglich als Mitglieder einer Berufs- oder Bevölkerungsgruppe an der Entscheidung über eine Angelegenheit teilnehmen, die die gemeinsamen Interessen dieser Gruppe betrifft. Diese Ausnahmen

---

258 Vgl. VG Lüneburg, Beschl. v. 07.01.2021, Az. 1 B 52/20, BeckRS 2021, S. 7, Rn. 26.

259 Vgl. Happ in Eyermann, § 146 VwGO, Rn. 1.

vom Mitwirkungsverbot gelten jedoch nicht für Personen, die in den Beziehungen gemäß § 41 Abs. 1 Satz 1 Nrn. 2 bis 4 NKomVG zu dem Abgeordneten stehen und von der Entscheidung unmittelbar betroffen sein könnten.[260]

Die Rechtsprechung zu einer ähnlichen Bestimmung des Mitwirkungsverbots in Hessen begründet die Regelung damit, dass es in einer repräsentativen Demokratie in einer vielfältigen Gesellschaft üblich sei, dass verschiedene Berufs- und Bevölkerungsgruppen gezielt Personen in die demokratischen Vertretungsorgane entsenden, die aus ideologischen oder wirtschaftlichen Gründen mit diesen Gruppen verbunden sind. Daher ist es unausweichlich, dass diese Gewählten sich auch als Vertreter ihrer Berufsgruppe oder Bevölkerungsschicht sehen.[261] Diese Vorstellung von Interessenvertretung spiegelt sich in § 41 Abs. 1 Satz 3 NKomVG wider, indem lediglich ehrenamtlich Tätige, also gemäß § 54 Abs. 3 NKomVG nur die Abgeordneten selbst, von dem Mitwirkungsverbot ausgenommen werden.[262]

Wenn der Abgeordnete selbst betroffen ist und somit die Bedingungen für die Anwendung der Ausnahmeregelung erfüllt sind, muss auch ein kollektives Interesse einer Bevölkerungsgruppe vorliegen.[263] Personen können als Bevölkerungsgruppe angesehen werden, wenn diese dasselbe Ziel verfolgen, ohne dass die individuellen Beweggründe jedes Einzelnen für dieses Ziel von Bedeutung sind.[264] Die Unterstützer oder Unterzeichner eines Bürgerbegehrens verfolgen einheitlich und in gleicher Richtung das Ziel, die in dem Bürgerbegehren formulierten Anliegen umzusetzen. Ein Bürgerbegehren kann gemeinsame Interessen der Unterzeichner

---

260 Vgl. Seybold in BeckOK-Nds, § 41 NKomVG, Rn. 25.

261 Vgl. VGH Kassel, Urt. v. 28.11.2013, Az. 8 A 865/12, NVwZ-RR 2014, S. 563 (565).

262 Vgl. Seybold in BeckOK-Nds., § 41 NKomVG, Rn. 25.

263 Das Tatbestandsmerkmal Berufsgruppe ist hier regelmäßig nicht einschlägig und in „Bevölkerungsgruppe“ inbegriffen.

264 Vgl. Seybold in BeckOK-Komr, § 41 NKomVG, Rn. 25.

berühren, unabhängig von den individuellen Beweggründen für die Unterzeichnung jedes Einzelnen. Daher ist in vielen Fällen anzunehmen, dass ein Gruppeninteresse der Unterzeichner besteht. Die gegenteilige Sichtweise könnte nur dann vertreten werden, wenn der jeweilige Abgeordnete ein persönliches Sonderinteresse hätte. Solche Sonderinteressen sind jedoch in der Regel nicht gegeben, wenn die Zulassung eines Bürgerbegehrens eine Bevölkerungsgruppe betrifft, die der in § 32 Abs. 5 Satz 1 NKomVG festgelegten Größe entspricht. Es ist kaum zu bestreiten, dass die Unterzeichner aufgrund dieser Größe als „Angehörige einer Bevölkerungsgruppe" gemäß § 41 Abs. 1 Satz 3 NKomVG gelten[265], weshalb die Ausnahmeregelungen in solchen Situationen zur Anwendung kommen und der Abgeordnete in dieser Situation mitwirkungsberechtigt bleibt.

Im Gegensatz dazu ist die Rolle des Vertretungsberechtigten eines Bürgerbegehrens nicht geeignet, den Ausschlussgrund gemäß § 41 Abs. 1 Satz 3 NKomVG auszulösen. Die Idee einer Bevölkerungsgruppe erfordert eine gewisse Anonymität der Betroffenen. Wenn die Konsequenzen einer bestimmten Entscheidung von Anfang an individualisierbar sind, scheidet die Annahme einer Gruppe aus.[266] Eine Entscheidung ist individualisierbar, wenn diese sich so auf denjenigen zuspitzt, für den die Vor- oder Nachteile entstehen und er praktisch als Empfänger der Entscheidung angesehen werden kann.[267] Das Gesetz sieht ausdrücklich höchstens drei Vertretungsberechtigte vor (§ 32 Abs. 3 Satz 3 NKomVG). Es wäre schon nicht angemessen, bereits drei Personen als eine Gruppe gemäß § 41 Abs. 1 Satz 3 NKomVG zu betrachten. Zudem werden die Vertretungsberechtigten auf den Unterschriftsbögen namentlich benannt, weshalb eine Anonymität auch ausgeschlossen werden kann. Die

265 Vgl. Hess. VGH, Beschl. v. 23.11.1995, Az. 6 TG 3539/95, NVwZ-RR 1996, S. 409 (411).

266 Vgl. VGH Kassel, Urt. v. 28.11.2013, Az. 8 A 865/12, NVwZ-RR 2014, S. 563 (565).

267 Vgl. VGH BW, Urt. v. 10.05.1993, Az. 1 S 1943/92, openJur 2013, S. 193 (194).

Vertretungsberechtigten sind im besonderen Maße betroffen. Abgeordnete, die als Vertretungsberechtigte eines Bürgerbegehrens fungieren, sind nicht vom Mitwirkungsverbot ausgenommen.

### *4.5.4 Rechtsfolge*

Abgeordnete, die dem Mitwirkungsverbot unterliegen, müssen den Beratungsraum gemäß § 41 Abs. 5 Satz 1 NKomVG bei nicht öffentlichen Sitzungen verlassen. Die Sitzungen des Hauptausschusses sind gemäß § 78 Abs. 2 Satz 1 NKomVG obligatorisch nicht öffentlich.

Ein Mitwirkungsverbot, das nicht beachtet wird, führt zur Rechtswidrigkeit des Beschlusses, der jedoch im Allgemeinen wirksam bleibt. Eine Ausnahme besteht, wenn es sich um ein entscheidendes Mitwirkungsverbot handelt. Wenn die abgegebene Stimme ausschlaggebend für die Zustimmung zum Beschluss war, wird dieser unwirksam gemäß § 41 Abs. 6 Satz 1 NKomVG, wenn dieser Verstoß innerhalb eines Jahres gemäß §§ 41 Abs. 6 Satz 2, 10 Abs. 2 Satz 1 NKomVG geltend gemacht wird.

## 4.6 Verfahrensablauf

Angesichts der umfassenden Detailregelungen werden die wesentlichen Hinweise in einen chronologischen Verlauf des Verfahrens eingefügt.

Mit der Einführung der Kostenschätzung hat der Gesetzgeber auch die Abfolge der einzelnen Schritte im Verfahren klar festgelegt. Das Bürgerbegehren beginnt gemäß § 32 Abs. 4 Satz 1 NKomVG mit der schriftlichen Anzeige. Bei kassatorischen Begehren müssen die Unterschriftenlisten gemäß § 32 Abs. 6 Satz 4 NKomVG innerhalb von drei Monaten nach Bekanntgabe des angefochtenen Beschlusses eingereicht werden. Daher empfiehlt sich eine umgehende Anzeige des Begehrens. Initiierende Begehren können hingegen zu jeder Zeit angezeigt werden.

Wenn die Initiatoren eine Vorabentscheidung gemäß § 32 Abs. 3 Satz 5 NKomVG beantragt haben, entscheidet der Hauptausschuss vor der Kostenschätzung unverzüglich über die Zulässigkeit gemäß § 32 Abs. 2, Abs. 4 Satz 3, 4 NKomVG und teilt den Initiatoren das Ergebnis unverzüglich mit. In diesem Schritt werden die Voraussetzungen aus Abschnitt 4.1 überprüft.

Anschließend ist die Kommune dazu verpflichtet, unverzüglich eine Kostenschätzung vorzunehmen. Die Information an die Initiatoren erfolgt ebenfalls unverzüglich gemäß § 32 Abs. 4 Satz 1 NKomVG. Der Begriff „unverzüglich" kann in Analogie zu § 121 Abs. 1 Satz 1 BGB definiert werden. Die Erstellung der Kostenschätzung und die Mitteilung an die Initiatoren gemäß § 32 Abs. 4 Satz 6 NKomVG müssen ohne schuldhaftes Zögern erfolgen.[268] Die Einordnung ist dabei stark abhängig von den individuellen Umständen und hängt unter anderem von der Komplexität der zu betrachtenden Folgekosten ab. Den Initiatoren steht es offen, eine abweichende Kostenschätzung für das Bürgerbegehren vorzulegen. In diesem Fall muss das Bürgerbegehren der Kommune erneut angezeigt werden, gemäß § 32 Abs. 4 Satz 9 NKomVG.

Außerdem hat der Hauptverwaltungsbeamte die Vertretung in der nächsten Sitzung über die Entscheidung des Hauptausschusses zu informieren gemäß § 32 Abs. 7 Satz 3 NKomVG.

Die (abschließende) Entscheidung über die Zulässigkeit erfolgt nach fristgerechter Einreichung der Unterstützungsunterschriften. Da diese ausschließlich schriftlich eingereicht werden dürfen, werden die Unterschriftsbögen der Kommune vorgelegt. Die Kommune prüft die Unterschriftenlisten unter anderem dahingehend, ob ausreichend gültige Unterstützungsunterschriften gesammelt wurden. Hierbei wird kontrolliert, ob die Unterzeichner Bürger der Kommune sind und alle erforderlichen Angaben gemacht haben.

Durch eine positive Zulässigkeitsentscheidung tritt die Sperrwirkung des Bürgerbegehrens in Kraft. Die Entscheidung des Haupt-

268 Vgl. Seybold in BeckOK-Nds, § 32 NKomVG, Rn. 28b.

ausschusses stellt einen wichtigen Beschluss gemäß § 85 Abs. 4 NKomVG dar. Erst nach der Information der Vertretung über die positive Zulässigkeitsentscheidung des Hauptausschusses ist sichergestellt, dass die Vertretung die Sperrwirkung beachten kann.[269]

Gemäß § 32 Abs. 7 Satz 4 NKomVG muss der Bürgerentscheid innerhalb von drei Monaten durchgeführt werden. Da es keine spezialgesetzliche Regelung gibt, obliegt die Festlegung des Wahltermins dem Hauptausschuss gemäß § 76 Abs. 1 Satz 1 NKomVG.[270] Der Bürgerentscheid kann durch die Kommune abgewendet werden, wenn die Vertretung vollständig oder im Wesentlichen im Sinne des Bürgerbegehrens entscheidet.

## 4.7 Rechtsschutz

Insbesondere wenn eine Zulässigkeitsentscheidung ausbleibt oder abgelehnt wird, stellt sich die Frage nach den Möglichkeiten des Rechtsschutzes. Dies hängt wesentlich von der rechtlichen Position der Vertretungsberechtigten ab sowie von der rechtlichen Qualität der abgelehnten oder geforderten Entscheidung in Bezug auf die Zulässigkeit. Diese Thematik wird in der Literatur und Rechtsprechung erörtert, um die richtige Klageart und Klagebefugnis im Verwaltungsprozess[271] festzustellen.

Im Allgemeinen handelt es sich bei dem Begehren gemäß § 88 VwGO – je nach konkretem Streitgegenstand – um die Zulassung des Bürgerentscheids durch die positive Entscheidung des Hauptausschusses. Die bloße Aufhebung der Ablehnungsentscheidung

269 Vgl. Notbohm, NdsVBl. 03/2018, S. 67.

270 So auch Wefelmeier in PdK-Nds., § 33 NKomVG, Rn. 6.

271 Der Verwaltungsrechtsweg ist gemäß § 40 VwGO ist bei allen Streitigkeiten im Zusammenhang mit Bürgerbegehren und Bürgerentscheiden eröffnet.

würde in der Rechtsfolge nicht zu einem Bürgerentscheid führen.[272]

### *4.7.1 Richtige Klageart*

In Bezug auf die richtige Klageart wird auf der einen Seite argumentiert, dass die Feststellungsklage im Kommunalverfassungsstreitverfahren einschlägig ist. Das Bürgerbegehren agiert als Teil der kommunalen Struktur und verfügt folglich nicht über subjektive Rechte, sondern kann lediglich innerorganisatorische Befugnisse geltend machen.[273] Dabei geht es nicht um eine Streitigkeit im „Staat-Bürger-Verhältnis.[274] Nach dieser Ansicht handelt es sich daher um einen Organ- oder Innenrechtsstreit.

Gemäß einer weiteren Auffassung stellt die ablehnende Zulässigkeitsentscheidung einen Verwaltungsakt dar. Die Vertrauenspersonen erhalten eine verbindliche Mitteilung darüber, ob das Bürgerbegehren zulässig ist, was das subjektiv-öffentliche Recht der Vertretungsberechtigten im Außenverhältnis betrifft.[275] In diesem Fall wäre die Verpflichtungsklage gemäß § 42 Abs. 1 Alt. 2 VwGO zulässig.[276]

Die erstgenannte Perspektive wird durch das BVerfG unterstützt, da die Vertretungsberechtigten eine Rechtsposition innehaben, die durch das Kommunalrecht gewährt wird und da sie Teil des

---

272 Vgl. Bätge, 2021, S. 406.

273 Vgl. OVG Saarlouis, Urt. v. 12.06.2008, Az. 1 A 3/08, BeckRS 2008, S. 36780 (38780).

274 Vgl. Wefelmeier in PdK-Nds., § 32 NKomVG, Rn. 130.

275 Vgl. OVG Greifswald, Urt. v. 24.07.1996, Az. 1 M 43/96, NVwZ 1997, S. 306 (306). Dieser Auffassung folgt u.a. Seybold, Neumann u. Weidner-Toman, 2022, S. 82, Rn. 192.

276 Zusätzlich wäre in dem Fall kein Vorverfahren gemäß § 68 Abs. 1 S. 1, Abs. 2 VwGO durchzuführen, da dieses in Niedersachsen gemäß § 80 Abs. 1 des Niedersächsischen Justizgesetzes (NJG) grundsätzlich abgeschafft ist und eine Ausnahme gemäß § 80 Abs. 2, 3 NJG nicht vorliegt.

kommunalen Entscheidungsprozesses sind. Hierbei begrenzen diese die Befugnisse der Kommunalvertretung und übernehmen eine organschaftliche Funktion.[277] Einige Teile der Fachliteratur äußern Kritik an dieser Ansicht. Gemäß juristischer Auslegungsmethoden handele es sich eher um einen Verwaltungsakt, da der Niedersächsische Gesetzgeber die Kommunalorgane bereits in § 7 Abs. 1 NKomVG abschließend aufgelistet habe und keine (quasi-) organische Stellung der Vertretungsberechtigten systematisch erkennbar sei.[278]

Die Entscheidung des BVerfG ist ein Nichtannahmebeschluss gemäß § 93b Abs. 1 Alt. 1 des Bundesverfassungsgerichtsgesetzes, da keine Sachentscheidung getroffen wurde. Folglich sind die Fachgerichte nicht an diese Entscheidung gebunden. Die Justiz in Niedersachsen folgt der Auffassung des BVerfG.[279] Dies mindert die plebiszitäre Bedeutung des Bürgerbegehrens.[280] Demnach ist die richtige Klageart das Kommunalstreitverfahren.

Sofern der Verdacht besteht, dass der Hauptausschuss die Entscheidung über die Zulässigkeit ungerechtfertigterweise verzögert, besteht die Möglichkeit einer gerichtlichen Überprüfung. Solange die Entscheidung des Hauptausschusses über die Zulässigkeit noch aussteht, ist auch die allgemeine Leistungsklage im Kommunalverfassungsstreitverfahren zulässig.[281]

---

277 Vgl. BVerfG, Beschl. v. 22.02.2019, Az. 2 BvR 2203/18, NVwZ 2019, S. 642, Rn. 26 f.

278 Vgl. Roth, NVwZ 2019, S. 1421.

279 Vgl. VG Lüneburg, Beschl. v. 07.01.2021, Az. 1 B 52/20, BeckRS 2021, S. 7, Rn. 20. Bestätigt auch durch das OVG Lüneburg, Beschl. v. 02.03.2021, Az. 10 ME 14/21, NordÖR 2021, S. 233 (233 f.).

280 Vgl. Roth, NVwZ 2019, S. 1421. Kritisch dazu: Schmidt, NVwZ 2021, S. 583.

281 Vgl. Hartmann, 2005, S. 193.

Der richtige Beklagte ist hier das Organ, dessen Handeln den Gegenstand der Auseinandersetzung bildet, somit der Hauptausschuss und nicht die betreffende Kommune.[282]

Neben dem formalen Rechtsschutz kann auch die Kommunalaufsicht aufgesucht werden. Obwohl kein subjektives Recht auf ein Tätigwerden besteht, kann bei Zweifeln an der Rechtmäßigkeit in Betracht gezogen werden, dass die Kommunalaufsicht im Rahmen ihres pflichtgemäßen Ermessens weitere Schritte unternimmt.[283] Dies könnte zur Beanstandung durch die Kommunalaufsicht gemäß § 173 Abs. 1 NKomVG oder zur Anordnung bzw. Ersatzvornahme gemäß § 174 NKomVG führen.

### *4.7.2 Klagebefugnis*

Des Weiteren ist die Frage der Klagebefugnis zu klären, die für die Leistungs- und Feststellungsklage gemäß § 42 Abs. 2 VwGO analog vorhanden sein muss. Hierfür ist im Kommunalverfassungsstreit eine wehrfähige Position im internen Rechtsbereich erforderlich.[284] Diese resultiert daraus, dass die Bürger sich gegen ihre Vertretung wenden, die eine Angelegenheit bisher entweder nicht oder nicht im Sinne der Bürger entschieden hat.[285]

Nur die Vertretungsberechtigten sind im gerichtlichen Verfahren dazu berechtigt, die Unterzeichner zu vertreten und deren Interessen in eigenem Namen wahrzunehmen.[286] Dies spiegelt sich auch im Wortlaut von § 32 Abs. 3 Satz 3 NKomVG wider, der den Vertretungsberechtigten die „Befugnis" verleiht, die Antragsteller und somit die gesamte Gruppe der Unterzeichner im rechtlichen Ver-

282 Vgl. OVG Münster, Urt. v. 08.10.2002, Az. 15 A 4734/01, NVwZ-RR 2003, S. 376 (377).

283 Vgl. Schmidt, 2021, S. 77 f.

284 Vgl. OVG Münster, Urt. v. 05.02.2002, Az. 15 A 2604/99, NVwZ-RR 2003, S. 225 (225).

285 Vgl. Hartmann, 2023, S. 287, Rn. 85.

286 Vgl. OVG Lüneburg, Beschl. v. 07.05.2009, Az.10 ME 277/08, NVwZ-RR 2009, S. 735 (735); a. A. Koch in Ipsen, § 32 NKomVG, Rn. 57.

fahren zu repräsentieren. Die Vertreter werden als notwendige Streitgenossen gemäß § 64 VwGO in Verbindung mit § 62 Abs. 1 Alt. 2 der Zivilprozessordnung verstanden, die nur gemeinsam Klage erheben dürfen – allerdings können diese untereinander auch abweichende Vereinbarungen treffen.[287]

Einzelnen Mitgliedern der Vertretung oder Fraktionen und Gruppen gemäß § 57 Abs. 1 NKomVG steht im Fall der Zulässigkeitsentscheidung keine Klagebefugnis zu.[288]

### *4.7.3 Einstweiliger Rechtsschutz*

Angesichts der Feststellung in Abschnitt 4.7.1, dass die Einordnung der Zulässigkeitsentscheidung in Niedersachsen nicht als Verwaltungsakt vorgenommen werden sollte, ist im Rahmen des einstweiligen Rechtsschutzes der Antrag auf Erlass einer einstweiligen Anordnung gemäß § 123 VwGO zulässig. Da das Hauptverfahren in der Regel nicht abgewartet werden kann, da ein unverhältnismäßiger und irreparabler Schaden eintreten könnte, falls die Frist von drei Monaten gemäß § 32 Abs. 7 Satz 4 NKomVG abläuft, liegt regelmäßig eine Ausnahme von dem Verbot der Vorwegnahme der Hauptsache vor.[289]

Die Sicherung eines Bürgerbegehrens durch den Erlass einer Anordnung gemäß § 123 Abs. 1 Satz 1 VwGO kommt jedoch in der Regel erst nach Abschluss der Unterschriftensammlung infrage.[290] Das Rechtschutzbedürfnis ergibt sich aus der Sperrwirkung der Zulässigkeitsentscheidung und dem damit einhergehenden Verbot

---

287 Vgl. OVG Münster, Urt. v. 13.06.2017, Az. 15 A 1561/15, NVwZ-RR 2017, S. 1027 (1028).

288 Vgl. Wefelmeier in PdK-Nds., § 32 NKomVG, Rn. 133.

289 Vgl. OVG Lüneburg, Beschl. v. 24.03.2000, Az. 10 M 986/00, BeckRS 2000, S. 10898, Rn. 5 f.

290 Vgl. VG Hannover, Beschl. v. 28.03.2019, Az. 1 B 1368/19, BeckRS 2019, S. 5867, Rn. 14.

irreversible Tatsachen zu schaffen, die dem Bürgerbegehren die Grundlage entziehen.[291]

Falls Zweifel hinsichtlich der Kostenschätzung der Verwaltung bestehen, besteht die Option, im Rahmen des einstweiligen Rechtsschutzes eine neue Schätzung einzufordern.[292]

291 Vgl. Wefelmeier in PdK-Nds., § 32 NKomVG, Rn. 141, 144.

292 Vgl. OVG Münster, Beschl. v. 14.03.2016, Az. 15 B 242/16, BeckRS 2016, S. 47471, Rn. 11.

## 5. Bürgerentscheid

Ein Bürgerentscheid kann entweder durch die Bürger selbst mithilfe eines Bürgerbegehrens durch Anzeige und Sammlung von Unterschriften „von unten“ initiiert werden oder durch ein Vertretungsreferendum „von oben“.

### 5.1 Vertretungsreferendum

Die neu eingeführte Bestimmung in § 33 Abs. 1 Satz 1 NKomVG gibt den Kommunen die Befugnis, einen Bürgerentscheid eigenständig einzuleiten. Zuvor war dies nur in dem seltenen Fall möglich, dass eine Entscheidung durch Bürgerentscheid innerhalb von zwei Jahren abgeändert werden sollte.[293] Mit dieser Neuerung schließt Niedersachsen sich den Regelungen in anderen Bundesländern an.[294]

Die Befugnis zur Entscheidung kann freiwillig auf die Bürger übertragen werden. Diese treffen dann in einem Bürgerentscheid eine Entscheidung über eine von der Vertretung vorgelegte Angelegenheit. Die weiteren Voraussetzungen werden in § 33 Abs. 1 Satz 3 NKomVG klargestellt. Das Vertretungsreferendum ersetzt insoweit das Bürgerbegehren und unterliegt auch dessen Bestimmungen.[295] Die zuvor für das Bürgerbegehren erläuterten inhaltlichen Bedingungen gelten in gleicher Weise für das Vertretungsreferendum.

Formal ist für ein Vertretungsreferendum eine „doppelt qualifizierte Mehrheit“[296] notwendig. Zunächst bedarf es eines Antrags, der von einer Mehrheit der Vertretungsmitglieder unterstützt wird. Die Entscheidung wird gemäß § 66 Abs. 1 NKomVG mit

293 Vgl. Steinmetz, 2022, S. 32; Schwind, 2022, NdsVBl. 03/2022, S. 69. Siehe zudem § 33 Abs. 4 NKomVG a. F.

294 Vgl. Steinmetz, 2022, S. 32; Hartmann u. Simon, NdsVBl. 06/2023, S. 164.

295 Vgl. Hartmann, 2023, S. 284, Rn. 80a, 80d.

296 Hartmann, 2023, S. 284, Rn. 80c.

einem besonderen Zustimmungsquorum getroffen. Statt der einfachen Mehrheit sieht § 33 Abs. 1 Satz 1 NKomVG eine 2/3-Mehrheit vor. Es wird davon ausgegangen, dass aufgrund dieses Mehrheitserfordernisses der Anwendungsfall eher selten sein wird.[297]

Ein Vertretungsbegehren ist auch explizit zulässig, wenn es sich gemäß § 33 Abs. 1 Satz 2 NKomVG gegen ein bereits zugelassenes Bürgerbegehren richtet. Dadurch kann die Vertretung aktiv werden und der Bürgerschaft eine eigene Frage zur Abstimmung vorlegen.[298]

Die möglichen Anwendungsgebiete für ein von der Vertretung eingeleitetes Referendum werden im Rahmen der Diskussion der Vor- und Nachteile im Folgenden dargestellt.

Die Neuregelung erweitert den Kreis der möglichen Initiatoren von Bürgerentscheiden um die betroffenen Kommunen. Gemäß der Gesetzesbegründung soll diese Regelung die Chancen politischer Partizipation verbessern und die Bürger stärker in den Willensbildungsprozess der Kommune einbeziehen, um das allgemeine Interesse an kommunaler Politik zu stärken.[299] Im besten Fall könnte dies dazu führen, dass sich Bürger in politischen Parteien oder Wahlämtern engagieren.[300]

Zudem eröffnet diese Neuregelung der Vertretung weitere Handlungsmöglichkeiten.[301] Selbst in Fällen, in denen bereits Sachdebatten und Verfahren zu Bürgerbegehren im Gange sind, kann die Vertretung gemäß § 33 Abs. 1 Satz 2 NKomVG einen eigenen Bürgerentscheid herbeiführen, wenn bereits ein Bürgerbegehren eine gegensätzliche Entscheidung begehrt.[302] Dadurch können Kompromissvorschläge erarbeitet oder zumindest eine Erweiterung der Auswahlmöglichkeiten erreicht werden.

---

297 Vgl. Hartmann u. Simon, NdsVBl. 06/2023, S. 165.
298 Vgl. Hartmann u. Simon, NdsVBl. 06/2023, S. 165.
299 Vgl. LT-Drs. 18/9075, S. 22.
300 Vgl. Burgi u. Wolff, 2021, S. 24.
301 Vgl. LT-Drs. 18/9075, S. 22.
302 Vgl. Schwind, NdsVBl. 03/2022, S. 70.

Durch eine Entscheidung nach einem Vertretungsreferendum und der damit einhergehenden höheren Akzeptanz kann in umstrittenen Angelegenheiten Rechtsfrieden hergestellt werden. Erfolglose Abstimmungen könnten dazu führen, dass größere Projekte frühzeitig gestoppt werden, wenn diese von der Mehrheit der Bevölkerung abgelehnt werden.[303] Es kann als positive Eigenschaft der Vertretung betrachtet werden, wenn die Vertreter bei strittigen Angelegenheiten die Öffentlichkeit einbeziehen.[304] Zudem kann die daraus resultierende umfassende öffentliche Diskussion und transparente Entscheidungsfindung das Vertrauen in die Demokratie stärken.[305]

Ein wichtiger Einwand ist, dass politische Entscheidungsträger somit ihrer Verantwortung ausweichen könnten. Statt ihre Entscheidungen zu treffen und zu verantworten, würden diese die Bürger um eine abschließende Entscheidung bitten.[306] Das Vertrauen in die repräsentative Demokratie könnte leiden, wenn gewählte Vertreter heikle Fragen an die Bürger delegieren.

Die Entscheidungen der Bürger in essenziellen Sachfragen könnten auch das Interesse an einem kommunalpolitischen Amt negativ beeinflussen. Aus verschiedenen Gründen ist es zunehmend schwerer, Kandidaten für solche Positionen zu finden. Die zeitlichen Anforderungen sowie Schwierigkeiten bei der Vereinbarkeit von Familie und Beruf mit dem kommunalpolitischen Mandat sowie vermehrte Anfeindungen gegenüber Amtsträgern schränken das Engagement bereits ein.[307] Die Verlagerung der Entscheidung über wichtige Angelegenheiten könnte dazu führen, dass ein umfassenderes Engagement als Kommunalpolitiker nicht mehr zwingend notwendig wäre.[308] Abgeordnete werden in ihren Entschei-

303 Vgl. Steinmetz, 2022, S. 32.
304 Vgl. Hartmann u. Simon, NdsVBl. 06/2023, S. 165.
305 Vgl. Bogumil u. Holtkamp, 2013, S. 209.
306 Vgl. Kemper u. Lüken, 2021, S. 51.
307 Vgl. Burgi u. Wolff, 2021, S. 21.
308 Vgl. Bogumil u. Holtkamp, 2013, S. 209.

dungsspielräumen eingeschränkt, wenn Bürger in die Entscheidungsfindung einbezogen werden. Kassatorische Begehren können Entscheidungen der Vertretung infrage stellen, während kostenintensive initiierende Begehren die finanziellen Möglichkeiten der Vertretung einschränken.[309]

Außerdem besteht keine Gewähr dafür, dass die Bürger gleichmäßig beteiligt werden. Vielmehr könnte „eine Art Betroffenendemokratie“[310] dazu führen, dass das Allgemeinwohl hinter individuellen Interessen zurücktritt. Dies würde das Ziel des Vertretungsreferendums untergraben.

Nicht alle Bürger möchten sich in Sachentscheidungen einbringen und verpflichtet sein, einen Teil ihrer Freizeit aufzugeben, um am politischen Entscheidungsprozess teilzunehmen.[311] Einige Bürger erwarten von der Kommunalpolitik, dass ihre Interessen angemessen repräsentiert werden und dass sie durch ihre Wahlentscheidung ihren Beitrag leisten.[312]

Zudem könnten Medien und Minderheitsfraktionen Druck auf die Vertretung ausüben, damit diese bei unpopulären Entscheidungen auf ein Vertretungsreferendum zurückgreift.[313]

Das repräsentative Prinzip führt grundsätzlich zu einer effizienten Entscheidungsfindung. Direkte Demokratie bedeutet stets zusätzlichen Aufwand, der die Handlungsfähigkeit der Verwaltung einschränken kann.[314] Die bewusste Delegation der Entscheidung an die Bürger stellt – obwohl diese gelegentlich bürgerschaftliches Engagement hervorbringen mag – eine Abschwächung der Parteiendemokratie zugunsten punktueller Beteiligung dar. Angesichts der hohen Anforderungen dürfte ein Vertretungsbegehren vorrangig bei kontroversen Diskussionen oder bedeutsamen Projekten zum

309 Vgl. Hartmann, 2021, S. 10.
310 Vgl. Neelen, 2021, S. 13.
311 Vgl. Burgi u. Wolff, 2021, S. 24.
312 Vgl. Burgi u. Wolff, 2021, S. 24.
313 Vgl. Steinmetz, 2022, S. 33.
314 Vgl. Neele, 2022, S. 20.

Einsatz kommen und kann hier eine Befriedungs- und Akzeptanzfunktion erreichen.

## 5.2 Informationen zum Gegenstand des Bürgerentscheids

Eine gesetzliche Regelung, die vorschreibt, dass die Kommune die Bürger vor einem Bürgerentscheid inhaltlich informieren muss, existiert nicht. Dennoch besteht eine Verpflichtung für die Kommune sicherzustellen, dass die abstimmenden Personen mit Kenntnis aller relevanten Argumente eine verantwortungsvolle Entscheidung treffen können.[315] Diese Verpflichtung betrifft den Hauptverwaltungsbeamten.

Amtsträger auf kommunaler Ebene wie der Hauptverwaltungsbeamte haben grundsätzlich die Befugnis, sich zu kommunalpolitischen Fragen zu äußern. Sie haben das Recht, Stellung zu allen Angelegenheiten zu beziehen, die die örtliche Gemeinschaft betreffen. Die Grenzen werden durch das Sachlichkeitsgebot als Ausprägung des Verhältnismäßigkeitsgrundsatzes bestimmt. Demnach müssen Tatsachen korrekt dargelegt werden und Werturteile dürfen nicht auf sachfremden Überlegungen beruhen.[316] Inkorrekte Informationen, polemische Aussagen oder falsche Darstellungen von Sachverhalten sind unzulässig.[317] Das VG Würzburg bewertete beispielsweise eine Warnung, die im gemeindlichen Amtsblatt abgedruckt war und besagte, dass ein Erfolg des Bürgerbegehrens zu erheblichen Zusatzkosten führen würde und die Bürger um eine

315 Vgl. Wittkop, NST-N Nr. 04/2018, S. 5.

316 Vgl. OVG NRW, Urt. v. 04.11.2016, Az. 15 A 2293/15, openJur 2017, S. 322, Rn. 113.

317 Vgl. VG Würzburg, Beschl. v. 22.07.2019, Az. W 2 E 19.849, BeckRS 2019, S. 15730, Rn. 5 f.

besonnene Entscheidung bitte, als Verstoß gegen das Sachlichkeitsgebot.[318]

Es besteht allerdings keine Pflicht zur Neutralität wie bei Wahlen.[319] Auch wenn, ähnlich dem Prinzip der Wahlfreiheit, jeder Teilnehmer sein Recht auf Unterstützung und Abstimmung ohne äußeren Druck ausüben können muss, entsteht keine Pflicht für die Kommunalorgane, sich aus der gemeindlichen Willensbildung herauszuhalten und neutral zu bleiben, wenn der Weg des Bürgerentscheids gewählt wird, um einen Vertretungsbeschluss zu ersetzen. Tatsächlich könnten die Organe einer Kommune, insbesondere bei einem kassatorischen Bürgerbegehren, bei dem die Aufhebung oder Änderung eines Vertretungsbeschlusses angestrebt wird, verpflichtet sein, öffentlich Stellung zu dem Sachbegehren zu beziehen.

Das OVG NRW hat sich mit der Äußerungsbefugnis von Hauptverwaltungsbeamten im Hinblick auf das Neutralitätsgebot befasst und dabei die „symbolisch-politische" Kommunikation kritisiert, die nicht von beiden Seiten aufgegriffen werden konnte, wodurch eine „inhaltlich-sachbezogene" Debatte nicht entstehen konnte.[320] Dieser Gedanke sollte auch bei Meinungsäußerungen im Rahmen von Bürgerentscheiden berücksichtigt werden.

Die Informationen der Kommune können über Veröffentlichungen und Informationsveranstaltungen verbreitet werden. Es ist auch zulässig, dass die Kommune an alle Haushalte Informationsbriefe sendet, um eine fundierte und verantwortungsbewusste Entscheidung unter Berücksichtigung der maßgeblichen Argumente zu ermöglichen. Diese Informationsbriefe müssen dem zuvor genannten Sachlichkeitsgebot entsprechen.

---

318 Vgl. VG Würzburg, Beschl. v. 22.07.2019, Az. W 2 E 19.849, BeckRS 2019, S. 15730, Rn. 9.

319 Vgl. OVG NRW, Urt. v. 27.06.2019, Az. 15 A 2503/18, openJur 2019, S. 29696, Rn. 109.

320 Vgl. OVG NRW, Urt. v. 04.11.2016, Az. 15 A 2293/15, openJur 2017, S. 322, Rn. 119.

Es stellt sich die Frage, welches Organ der Kommune die Entscheidung darüber treffen kann, ob ein Bürgerentscheid inhaltlich unterstützt wird. Wenn die Entscheidung als Geschäft der laufenden Verwaltung (§ 85 Abs. 1 Satz 1 Nr. 7 NKomVG) angesehen wird, fällt diese in den Verantwortungsbereich des Hauptverwaltungsbeamten. Diese Einschätzung ist jedoch nichtzutreffend. Weder handelt es sich um eine regelmäßige, nach festen Prinzipien zu behandelnde Angelegenheit noch um eine Angelegenheit von geringer politischer Bedeutung.[321] Der Zuständigkeitskatalog für die Vertretung lässt nur die Richtlinienkompetenz gemäß § 58 Abs. 1 Nr. 2 NKomVG als Möglichkeit zu. Es ist schwer vorstellbar, allgemeine Richtlinien für den Umgang mit Bürgerentscheiden festzulegen, die unterschiedliche Zielsetzungen und Ausprägungen haben können. In der Regel wird daher der Hauptausschuss aufgrund seiner Lückenkompetenz darüber entscheiden müssen, ob und in welcher Weise die Kommune einen Bürgerentscheid unterstützt.

Diejenigen, die das Bürgerbegehren initiiert haben, haben bereits während der Unterschriftensammlung für ihre Standpunkte geworben. Ebenso sind diese dazu berechtigt, weitere Informationen zu verbreiten, die ihre Ansichten weiter unterstützen. Dies kann zum Beispiel durch Werbekampagnen, Informationsveranstaltungen, gezielte Pressearbeit oder eine eigens eingerichtete Website geschehen.[322]

## 5.3 Durchführung des Bürgerentscheids

Nach der Entscheidung über die Zulässigkeit des Bürgerbegehrens oder nach dem Vertretungsreferendum findet die eigentliche Abstimmung durch die Bürger statt. Der Bürgerentscheid muss innerhalb von drei Monaten stattfinden (§ 32 Abs. 7 Satz 4 NKomVG).

321 Vgl. Germer in BeckOK-Komr, § 85 NKomVG, Rn. 10.

322 Vgl. Schmidt, 2021, S. 58 ff.

Eine Verlängerung dieser Frist ist nur möglich, wenn eine epidemische Lage gemäß § 182 Abs. 3 Satz 1 NKomVG vorliegt.

Die Durchführung orientiert sich an den Bestimmungen des Kommunalwahlrechts.[323] Dies hebt die Bedeutung des Bürgerentscheids hervor. Außerdem profitieren die Kommunen von ihrer Erfahrung mit der Organisation von Wahlprozessen. Die Grundsätze des Wahlrechts gelten auch für Abstimmungen, um sicherzustellen, dass jeder Bürger sein Abstimmungsrecht ohne Zwang oder unzulässige Beeinflussung ausüben kann.[324]

Gemäß § 33 Abs. 3 Satz 1 NKomVG müssen die Abstimmungsberechtigten rechtzeitig eine Abstimmungsbenachrichtigungskarte erhalten. Diese Karte informiert die Bürger über den anstehenden Bürgerentscheid und enthält alle relevanten Informationen zum Termin. Die konkrete Ausgestaltung kann anhand der Vorschriften des § 18 der Niedersächsischen Kommunalwahlordnung erfolgen, wobei die genaue Ausführung der jeweiligen Kommune obliegt.[325]

Die Möglichkeit der Briefabstimmung muss gem. § 33 Abs. 3 Satz 2 NKomVG gegeben sein. Hierbei können die Regelungen des § 31 NKWG angewendet werden. Für die Initiatoren empfiehlt es sich in vielen Fällen für die Briefabstimmung zu werben, um eine breite Beteiligung zu erreichen. Insbesondere in Universitätsstädten könnten viele Studenten aufgrund von Heimreisen am Wochenende sonst möglicherweise kurzfristig am Bürgerentscheid gehindert sein.[326]

Die Kommune kann ohne Weiteres die Briefwahlunterlagen gleichzeitig mit der Abstimmungsbenachrichtigung versenden,

---

323 Vgl. LT-Drs. 16/3147, S. 5 f.
324 Vgl. Wefelmeier in PdK-Nds., § 33 NKomVG, Rn. 8.
325 Vgl. Wittkop, NST-N 04/2018, S. 7.
326 Vgl. Schmidt, 2021, S. 99.

um eine größere Beteiligung zu fördern, ohne dass dadurch insgesamt mehr Verwaltungsaufwand entstehen würde.[327]

Gemäß § 33 Abs. 3 Satz 3 NKomVG sollten die Wahlräume dieselben sein wie bei der letzten Kommunalwahl, um den Bürgern das Auffinden zu erleichtern. Dies unterstreicht die Bedeutung des Bürgerentscheids. Der Gesetzgeber hat hierbei eine grundlegend verbindliche Regelung getroffen, und Ausnahmen sind nur in atypischen Konstellationen möglich. Solche Ausnahmen könnten sich aus Verstößen gegen Wahlrechtsgrundsätze, andere gesetzliche Bestimmungen oder tatsächlichen Veränderungen ergeben. Wenn ein Wahlraum nicht mehr verfügbar ist, ist eine Abweichung unvermeidlich und akzeptabel.[328] Während der COVID-19 Pandemie wurden aus Gründen des Infektionsschutzes Wahlräume nicht genutzt und durch größere Wahlstätten ersetzt, was ein Abweichen von der üblichen Regelung rechtfertigte.

Wenn eine Kommune argumentiert, dass sie nicht genügend Wahlhelfer finden kann und daher die Anzahl der Wahlstätten reduzieren möchte, ist das kein ausreichender Grund. Stattdessen sind gemäß § 13 Abs. 1 Satz 1, 2 NKWG ausreichend Bürger zu verpflichten, wenn nicht genügend Freiwillige gefunden werden.

Durch eine Satzung können zusätzliche Verfahrensregeln für die Durchführung des Bürgerentscheids festgelegt werden. Diese müssen im Einklang mit höherrangigem Recht stehen, insbesondere im Hinblick auf die Einhaltung der Wahlrechtsgrundsätze.[329] Für den Erlass von Satzungen ist gemäß § 58 Abs. 1 Nr. 5 NKomVG die Vertretung zuständig.

327 Vgl. Schmidt, 2021, S. 99 f.
328 Vgl. Wefelmeier in BM, § 33 NKomVG, Rn. 4.
329 Vgl. Wefelmeier in PdK-Nds., § 33 NKomVG, Rn. 10.

### 5.3.1 Abstimmungstermin

Der Bürgerentscheid muss gemäß § 33 Abs. 2 Satz 1 NKomVG an einem Sonntag zwischen 08:00 und 18:00 Uhr stattfinden. Diese Regelung entspricht den Vorgaben von § 6 Abs. 1 NKWG. Die gleichzeitige Durchführung des Bürgerentscheids zusammen mit einer Wahl der Abgeordneten oder des Hauptverwaltungsbeamten ist gemäß § 33 Abs. 2 Satz 2 NKomVG ausgeschlossen. Dies soll mögliche Wahlbeeinflussungen verhindern. Zudem soll niemand im Wahllokal angeben müssen, ob er ausschließlich an der Kommunalwahl oder am Bürgerentscheid teilnehmen möchte.[330] Die simultane Durchführung mit einer Landtags-, Bundestags- oder Europawahl ist nicht untersagt, auch wenn das Argument der Offenbarung hier ebenso relevant sein dürfte.

Die Festlegung des Wahltermins obliegt dem Hauptausschuss, der aufgrund seiner Lückenkompetenz gemäß § 76 Abs. 2 Satz 1 NKomVG zuständig ist.

### 5.3.2 Abstimmung

Die Abstimmung beim Bürgerentscheid erfolgt gemäß § 33 Abs. 4 Satz 1 NKomVG durch Zustimmung oder Ablehnung. Die Abstimmenden treffen ihre Entscheidung mittels eines Kreuzes oder auf eine andere eindeutige Weise auf dem Stimmzettel, gemäß § 33 Abs. 4 Satz 2 NKomVG. Die aufgeworfene Sachfrage des Bürgerbegehrens muss auf dem Stimmzettel vermerkt sein.[331]

Bei Bürgerentscheiden, die auf ein Vertretungsreferendum folgen, verlangt § 33 Abs. 1 Satz 4 NKomVG, dass der Stimmzettel die Bezeichnung der begehrten Entscheidung, eine Begründung und eine Kostenschätzung gemäß § 32 Abs. 4 Satz 1, 2 NKomVG enthält. Obwohl diese Anforderungen nur für Bürgerentscheide gelten, die auf einem Vertretungsreferendum beruhen, spricht viel dafür, dass der Stimmzettel auch bei anderen Bürgerentscheiden in dieser Form

---

330 Vgl. LT-Drs. 13/2400, S. 10.

331 Vgl. Thiele in Thiele, § 33 NKomVG, Rn. 1.

gestaltet werden sollte. Dies gewährleistet, dass auch Abstimmende, die das Bürgerbegehren nicht unterzeichnet haben, die erforderlichen Informationen erhalten.[332]

Der Bürgerentscheid ist erfolgreich und verbindlich, wenn die Mehrheit der gültigen Stimmen mit Ja stimmt und diese Mehrheit mindestens 20 % der nach § 48 NKomVG Wahlberechtigten ausmacht, gemäß § 33 Abs. 4 Satz 3 NKomVG. Bei Stimmengleichheit ist der Bürgerentscheid gemäß § 33 Abs. 4 Satz 4 NKomVG abgelehnt.

Das erforderliche Zustimmungsquorum wurde durch die Gesetzesänderung von 2016 von 25 % auf 20 % reduziert. Dies geschah aufgrund der Tatsache, dass trotz erreichter Mehrheit ein Drittel der Bürgerentscheide aufgrund dieser Hürde scheiterten. Um diese frustrierende Erfahrung für die engagierten Bürger zu vermeiden, wurde die Möglichkeit eines erfolgreichen Bürgerentscheids durch die Senkung des Quorums verbessert. Das gewählte Quorum stellt jedoch weiterhin sicher, dass die Entscheidung von einer ausreichenden Anzahl von Wahlberechtigten getroffen wurde.[333]

Das Gesetz legt keine Vorgaben für die Bekanntmachung des Abstimmungsergebnisses fest. Es empfiehlt sich jedoch, sich an den Bestimmungen des Wahlrechts zu orientieren. Die Kommune sollte einen „Abstimmungsvorstand" einsetzen, der die Stimmen auf ihre Gültigkeit prüft und zählt. Das Ergebnis sollte dann in der Öffentlichkeit oder auf ortsübliche Weise bekannt gegeben werden.[334] Dies dient auch dazu, den Beginn der Bestandsschutzfrist eindeutig festzulegen.[335]

---

332 Vgl. Hartmann u. Simon, NdsVBl. 06/2023, S. 165.
333 Vgl. LT-Drs. 17/5423, S. 35.
334 Vgl. Wefelmeier in BM, § 33 NKomVG, Rn. 8.
335 Vgl. Wefelmeier in PdK-Nds., § 33 NKomVG, Rn. 16.

## 5.4 Konkurrierende Bürgerentscheide

Der Gesetzgeber hat mit seiner jüngsten Novelle im Jahr 2021 das Verfahren für den Fall geregelt, dass konkurrierende Bürgerentscheide vorliegen. Laut § 33 Abs. 5 Satz 1 NKomVG gelten Bürgerentscheide als konkurrierend, wenn „ihre Umsetzung im Erfolgsfall nicht nebeneinander möglich ist". Vorher galt das Prioritätsprinzip, bei dem nicht die größere Mehrheit, sondern die schnellere Sammlung und Einreichung von Unterschriften entscheidend war.[336] Weitere Bürgerbegehren waren erst dann unzulässig, wenn ein Bürgerbegehren als zulässig bewertet wurde.[337]

Anstelle der Formulierung einer Stichfrage hat sich der Niedersächsische Landesgesetzgeber für die sogenannte „hessische Lösung" entschieden. Entscheidend ist gemäß § 33 Abs. 5 Satz 3-5 NKomVG zunächst die größere Anzahl gültiger Zustimmungsstimmen. Sind die Zustimmungszahlen gleich, zählen die geringsten Ablehnungsstimmen. Wenn dann noch ein Unentschieden vorliegt, ist kein Bürgerentscheid verbindlich. Laut Schwind hat diese Lösung den Vorteil, dass sie klar und praktisch anwendbar ist.[338]

Die konkurrierenden Bürgerentscheide müssen gemäß § 33 Abs. 5 Satz 1 NKomVG am selben Tag durchgeführt werden.

## 5.5 Sonderregelungen während epidemischer Lagen

Die COVID-19 Pandemie hat Bürgerbegehren und Bürgerentscheide im Vergleich zu Vertretungssitzungen nur in geringerem Maße beeinflusst. Die geheime Stimmabgabe sichert bereits gewisse Abstände. Jedoch konnten Kontaktverbote, steigende Infektionszahlen und die Furcht vor Ansteckung die Teilnahmebereitschaft beeinträchtigt haben. Das sichere Fernbleiben von einer

336 Vgl. Notbohm, NdsVBl. 03/2018, S. 69.
337 Vgl. Seybold in BeckOK-KomR, § 32 NKomVG, Rn. 51.
338 Vgl. Schwind, NdsVBl. 03/2021, S. 74.

Präsenzabstimmung könnte dem Risiko einer Infektion vorgezogen werden.[339]

Besonders beim Bürgerentscheid hat das Zustimmungsquorum eine besondere Bedeutung. Bei Wahlen dient es zwar als Indikator für demokratische Legitimität, ist jedoch rechtlich irrelevant. Ein Bürgerentscheid kann bereits aufgrund unzureichender Beteiligung scheitern.

Um diesem Risiko zu begegnen, kann zuerst auf die Möglichkeit einer schriftlichen Abstimmung gemäß § 33 Abs. 3 Satz 2 NKomVG verwiesen werden. Dies wird von Seybold als vergleichsweise geringfügige Beeinträchtigung betrachtet.[340] Die Kommunalaufsicht des MI hat während der Hochphase der COVID-19 Pandemie betont, dass die geltenden Wahlrechtsgrundsätze im Einklang mit den Gesundheitsbelangen der Bevölkerung abgewogen werden sollten. Angesichts der dynamischen Entwicklung der COVID-19 Pandemie war es unter Berücksichtigung der lokalen Gegebenheiten aus Gründen des Infektionsschutzes teilweise gerechtfertigt, einen Bürgerentscheid ausschließlich schriftlich durchzuführen. Da bei einer Abstimmung in Briefform die Handlung nicht öffentlich, sondern im privaten Umfeld erfolgt, ist das Risiko von Verstößen gegen Wahlrechtsgrundsätze erhöht und das Vertrauen in die Legitimität könnte gefährdet sein.[341] Daher wurden für die ausschließliche Abstimmung in Briefform hohe rechtliche Anforderungen gestellt.

Für die Sammlung der Unterschriften im Bürgerbegehren gibt es jedoch keine „coronakonforme“ Alternative. Unterschriften dürfen gemäß § 32 Abs. 6 Satz 2 NKomVG nicht in digitaler Form gesammelt werden. Lockdowns und Kontaktbeschränkungen können dazu führen, dass die für die Sammlung der Unterschriften verfügbare Zeit nicht ausreichend war. Der Gesetzgeber hat auf diesen

339 Vgl. Seybold in Beck-OK KomR, § 32 NKomVG, Rn. 53.

340 Vgl. Seybold in BeckOK-KomR, § 32 NkomVG, Rn. 53.

341 Vgl. u.a. Klein u. Schwarz in Dürig/Herzog/Scholz, Art. 38 GG, Rn. 98 m.w.N.

Umstand mit der Regelung in § 182 Abs. 3 Satz 1 NKomVG reagiert und den Initiatoren die Möglichkeit eingeräumt, eine Verlängerung der Frist zu beantragen. Der Hauptausschuss hatte diese Verlängerung grundsätzlich zu gewähren, dabei jedoch Ermessen hinsichtlich des genauen Zeitraums der Verlängerung. Die tatsächliche Verlängerung hängt von den örtlichen Gegebenheiten und vor allem dem lokalen Infektionsgesehen ab. Der Gesetzgeber musste eine Höchstfrist setzen, da mit zunehmender Dauer zwischen Unterschrift und Einreichung die Legitimation der Unterschrift abnimmt.[342] Die Verlängerung kann deshalb höchstens sechs Monate andauern und nur während einer festgestellten epidemischen Lage erfolgen. Eine Verlängerung ist möglich für die sechsmonatige Frist für initiierende Begehren, die dreimonatige Frist für kassatorische Begehren sowie die dreimonatige Frist, innerhalb der nach Feststellung des Bürgerbegehrens der Bürgerentscheid durchgeführt werden muss.

## 5.6 Rechtliche Wirkung

Ein erfolgreicher Bürgerentscheid wird gemäß § 33 Abs. 6 Satz 1 NKomVG einem Vertretungsbeschluss gleichgestellt. Allerdings kann er innerhalb von zwei Jahren nur auf Veranlassung der Vertretung durch einen neuen Bürgerentscheid geändert oder aufgehoben werden, wie es § 33 Abs. 6 Satz 2 NKomVG vorsieht. Hierdurch wird die besondere demokratische Legitimation betont. Im Gegensatz dazu kann ein Beschluss jederzeit geändert oder aufgehoben werden.[343]

Für die Umsetzung ist der Hauptverwaltungsbeamte gemäß § 85 Abs. 1 Satz 1 Nr. 2 NKomVG verantwortlich. Ähnlich wie bei gewöhnlichen Vertretungsbeschlüssen gibt es keine zeitliche Vorgabe für die Umsetzung. Der Hauptverwaltungsbeamte muss die Umsetzung nicht priorisieren, darf sie jedoch nicht verzögern, um

342 Vgl. LT-Drs. 18/7034, S. 62.

343 Vgl. Wefelmeier in PdK-Nds., § 33 NKomVG, Rn. 23.

die bindende Wirkung zu umgehen.[344] Dies schließt ein, dass der Hauptverwaltungsbeamte entgegenstehende Maßnahmen rückgängig macht, sofern dies möglich ist.

Falls der Hauptverwaltungsbeamte einen Bürgerentscheid für rechtswidrig hält, muss er gemäß § 88 Abs. 1 Satz 1, 2 NKomVG entweder Einspruch erheben oder die Kommunalaufsichtsbehörde informieren und die Vertretung darüber benachrichtigen. Gemäß § 88 Abs. 1 Satz 5 NKomVG ist der Bürgerentscheid vorerst nicht auszuführen. Falls die Kommunalaufsichtsbehörde informiert wird, muss sie unverzüglich entscheiden, ob sie den Bürgerentscheid gemäß § 173 Abs. 1 NKomVG beanstandet.

## 5.7 Rechtsschutz

Auch beim Bürgerentscheid haben Bürger, die eine Verletzung eines subjektiven Rechts geltend machen möchten, das Recht, den Rechtsweg zu bestreiten.

Die Abstimmungsberechtigung kann durch eine Feststellungsklage gemäß § 43 Abs. 1 VwGO eingeklagt werden. Aufgrund der zeitlichen Dringlichkeit wird wahrscheinlich der Erlass einer einstweiligen Anordnung nach § 123 Abs. 1 VwGO beantragt werden müssen.

Ein gerichtlich durchsetzbares Recht, um die Ungültigkeit eines Bürgerentscheids festzustellen, besteht nur dann, wenn eigene subjektive Rechte verletzt wurden. Ansonsten haben lediglich der Hauptverwaltungsbeamte und die Kommunalaufsicht das Recht zur Intervention.[345]

Falls Verfahrensvorschriften zur Durchführung des Bürgerentscheids verletzt worden sein könnten, können die Vertretungs-

344 Vgl. Wefelmeier in PdK-Nds., § 33 NKomVG, Rn. 21.

345 Vgl. OVG Lüneburg, Urt. v. 20.02.2001, Az. 10 L 2705/9, openJur 2012, S. 36667, Rn. 35.

berechtigten dagegen gerichtlich vorgehen. Für die Abstimmenden besteht im Regelfall keine vergleichbare Möglichkeit.[346]

Die Bürger haben einen Anspruch darauf, dass ein erfolgreich durchgeführter Bürgerentscheid Bestand hat. Eine Verletzung dieses Anspruchs kann mittels einer Feststellungsklage vor Gericht geltend gemacht werden.[347]

---

346 Vgl. OVG Lüneburg, Beschl. v. 07.05.2009, Az. 10 ME 277/08, openJur 2012, S. 49078, Rn. 16 f.

347 Vgl. Wefelmeier in PdK-Nds., § 33 NKomVG, Rn. 29.

## 6. Vor- und Nachteile

Im Folgenden erfolgt eine Abwägung zwischen den Vor- und Nachteilen, wobei diese Analyse im Gegensatz zu Abschnitt 5.1 nicht ausschließlich das neugeregelte Vertretungsreferendum adressiert.

Die Implementierung von Bürgerbegehren und Bürgerentscheiden wurde mit dem Ziel eingeführt, die Bürgerbeteiligung zu stärken.[348] Die Enquete-Kommission zur Überprüfung des Kommunalverfassungsrechts empfahl die Einführung dieser Instrumente, um der wachsenden Bereitschaft der Bürgerschaft, an Sachfragen aktiv teilzunehmen, gerecht zu werden. Die Integration der Bürgerschaft in die politischen Entscheidungsprozesse erfährt hierdurch eine Förderung. Potenzielle Unzufriedenheit, nicht an essenziellen Themen beteiligt zu sein, wird so minimiert.[349] Durch diese Maßnahme erhalten die Bürger eine direkte Interventionsoption im politischen Geschehen. Angesichts ihrer vergleichbaren Wirkung zum Vertretungsbeschluss besitzen die Bürger die Befugnis, über kommunale Angelegenheiten direkt und unmittelbar zu entscheiden.[350] Falls die gewählten Mandatsträger nicht gemäß ihren Erwartungen handeln, nehmen die Bürger temporär die Rolle einer Opposition ein.[351] Hierbei obliegt es den Initiatoren, die Bürgerschaft, von ihrem Standpunkt zu überzeugen.[352]

Des Weiteren könnte die Kluft zwischen Bürgerschaft und Repräsentanten verringert werden, auch wenn dieses Argument auf kommunaler Ebene weniger gravierend erscheint als beispielsweise auf Landesebene.[353]

---

348 Vgl. LT-Drs. 14/1450, S. 94.

349 Vgl. LT-Drs. 12/6260, S. 49 f.

350 Vgl. Seybold in BeckOK-KomR, § 33 NKomVG, Rn. 1.

351 Vgl. Lackner, 1999, S. 83.

352 Vgl. Lackner, 1999, S. 90.

353 Vgl. Burgi u. Wolff, 2021, S. 28.

Als hervorstechender Vorteil wird oft der Zuwachs an Akzeptanz hervorgehoben, wenn die Bürger direkt über ein Anliegen entscheiden können. Empirische Untersuchungen unterstützen diese These bisher nur begrenzt. Insbesondere bei sogenannten unecht gescheiterten Bürgerentscheiden – wenn die Mehrheit im Sinne der Initiatoren stimmte, jedoch das erforderliche Mindestquorum nicht erreicht wurde, wird die Befriedungs- und Akzeptanzfunktion nicht erfüllt und es folgten oftmals gerichtliche Auseinandersetzungen oder die Ankündigung weiterer direktdemokratischer Maßnahmen.[354]

Bereits die bloße Existenz von Mitentscheidungsmöglichkeiten kann einen Einfluss auf die Mandatsträger ausüben, der über die direkte Partizipation hinausgeht. Angesichts der Möglichkeit, dass Entscheidungen durch die Bürger korrigiert werden können, rücken die Interessen und Erwartungen der Bürgerschaft stärker in den Fokus der Abgeordneten. Daraus resultierend könnten die Abgeordneten dazu neigen, politischen Forderungen proaktiv nachzukommen.[355] Allein das Potenzial zur Umsetzung dieser direktdemokratischen Instrumente kann präventive Effekte auf die Diskussion und Entscheidungsfindung der Mandatsträger haben.[356] Die Abgeordneten sind gefordert, sich mit den vorgebrachten Fragen oder den entgegenstehenden Positionen auseinanderzusetzen und somit die öffentliche Meinung in ihre Überlegungen einzubeziehen. Dies stärkt die Position der Bürgerschaft im politischen Entscheidungsprozess, die andernfalls nur eingeschränkten Einfluss auf Beschlüsse hat.[357] Selbst nach Ankündigung oder formaler Initiierung eines Bürgerbegehrens kann die Vertretung die gewünschte Entscheidung ohne erfolgreichen Bürgerentscheid fassen.[358] Infolgedessen können Themen, selbst wenn das Bürger-

354 Vgl. Brockmann, Holtkamp u. Noe, 2016, S. 204 f.

355 Vgl. Wefelmeyer in PdK-Nds, § 32 NKomVG, Rn. 2.

356 Vgl. Brockmann, Holtkamp u. Noe, 2016, S. 205.

357 Vgl. Kersting, 2004, S. 161.

358 Vgl. Bösche, Verwaltungsrundschau 2/2022, S. 50.

begehren ungültig oder erfolglos war, in den politischen Diskurs einfließen.[359]

Eine durch einen Bürgerentscheid getroffene Entscheidung zeichnet sich durch sehr hohe Transparenz aus. Diese Transparenz erstreckt sich sowohl auf das Resultat als auch auf die öffentliche Debatte und die vertiefte Auseinandersetzung mit dem Thema.[360] Besonders bei größeren Planungsvorhaben kann auch ein Vertretungsreferendum in Betracht kommen, um für Akzeptanz zu werben und die Pläne durch die Bürger absichern zu lassen.[361]

Direktdemokratischen Prozeduren kann eine Ventilfunktion zuteilwerden. Politikverdrossenheit und allgemeine Unzufriedenheit könnten als Katalysatoren für die Beteiligung der Bürgerschaft dienen.[362] Dennoch haben direktdemokratische Elemente das Potenzial, die Effektivität der Kommunen zu beeinträchtigen.[363] Einerseits stärkt die Möglichkeit eines Bürgerbegehrens die Kontrollfunktion und die Opposition. Andererseits könnten politische Minderheiten Bürgerbegehren initiieren, um gegen Entscheidungen der Mehrheit anzugehen und somit Druck auszuüben.

Durch die Implementierung der Sperrwirkung erfuhr das Bürgerbegehren eine Stärkung. Allerdings trifft diese Neuerung nicht überall auf Zustimmung. Einerseits besteht die Auffassung, dass die Vertretung eine gegenläufige Entscheidung fällen können müsse, solange diese kommunalpolitisch verantwortet werden kann. Zudem wird angeführt, dass die Handlungsautonomie einer Kommune eingeschränkt werde, obwohl noch unklar sei, ob die Mehrheit der Bürgerschaft das Bürgerbegehren tatsächlich unterstützt.[364] Andererseits könnten entgegenstehende Entscheidungen der Vertretung die Bemühungen der Initiatoren eines Begehrens

359 Vgl. Kersting, 2004, S. 161.
360 Vgl. Burgi u. Wolff, 2021, S. 30.
361 Vgl. Nierth, 2020, S. 34.
362 Vgl. Seybold, DÖV 2018, S. 297.
363 Vgl. Seybold in BeckOK-KomR, § 33 NKomVG, Rn. 2.
364 Vgl. Freese u. Schwind, NLT 01/2016, S. 16.

zunichtemachen. Hierdurch entstandene Kosten wären verloren, und das Vertrauen in Politik und Verwaltung könnte erheblich leiden.[365] Das Angebot, sich direktdemokratisch zu engagieren, erschiene in einem solchen Fall scheinheilig.

Ein Risiko ergibt sich aus der potenziell fehlenden Kompetenz der Bürgerschaft, die bei einem Bürgerentscheid Entscheidungsträger wird. Sollte sie nicht adäquat informiert sein, könnten sie eine Thematik möglicherweise falsch bewerten.[366] Unabhängig vom Informationsstand könnten bestimmte Sachverhalte zu komplex sein, als dass sie von Laien ohne Weiteres verstanden werden könnten. Allerdings sind auf kommunaler Ebene, besonders in kleineren Gemeinden, die Themen meist weniger komplex. Die Tatsache, dass die Abgeordneten ihr Mandat in einer ehrenamtlichen Funktion ausführen, deutet auf einen geringeren Wissensvorsprung im Vergleich zu Berufspolitikern auf Landes- oder Bundesebene hin.[367] Die Komplexität einer Entscheidung kann jedoch nur fallbezogen beurteilt und nicht pauschalisiert werden.

Die Debatten zu Bürgerbegehren und Bürgerentscheiden gestalten sich oftmals emotional und können zur Polarisierung der Gesellschaft führen. Das möglicherweise fehlende Vermögen der Bürgerschaft, sämtliche Umstände und Konsequenzen ihrer Abstimmung zu berücksichtigen, birgt das Risiko, dass sie durch populistische Strategien beeinflusst werden könnten.[368] In diesem Kontext gewinnen die Informationen sowohl von den Initiatoren des Bürgerbegehrens als auch von der Kommune an Bedeutung.

---

365 Vgl. Seybold in BeckOK-Komr, § 32 NKomVG, Rn. 50.

366 Vgl. Kersting, 2004, S. 165.

367 Zum Problem des „Beteiligungselitismus" auf Landes- und Bundesebene siehe Burgi u. Wolff, 2021, S. 29.

368 Vgl. Burgi u. Wolff, 2021, S. 31.

## 7. Rechtspolitische Reformen

Abschließend illustrieren Reformüberlegungen die potenzielle Weiterentwicklung der aktuellen Rechtslage. Diese Vorschläge beanspruchen nicht, vollständig realisiert zu werden. Die bestehende Rechtslage reflektiert maßgeblich eine Wertungsentscheidung der Legislative bezüglich der Ausgestaltung des Verhältnisses zwischen repräsentativer und direkter Demokratie. Um diese Wertung adäquat zu treffen, muss das gesamte Normgefüge berücksichtigt werden. Dennoch ermöglicht die gegenwärtige Situation die Darstellung möglicher Entwicklungsperspektiven.

Zwischen den Regelungen der verschiedenen Bundesländer existieren teils erhebliche Unterschiede. Eine Analyse dieser Unterschiede kann dazu beitragen, von den Erfahrungen anderer Länder im Rahmen einer „Best-Practice"-Methodik zu profitieren.

Niedersachsen zeichnet sich im interregionalen Vergleich durch einen besonders umfangreichen Negativkatalog aus. Viele Themenbereiche sind von vornherein für Bürgerbegehren und folglich für spätere Bürgerentscheide ausgeschlossen. Das Risiko, unter einen Ausschlusstatbestand zu fallen, kann potenzielle Initiatoren bereits im Vorfeld abschrecken. In diesem Zusammenhang äußert Wefelmeyer die Kritik, dass es dem Gesetzgeber bislang nicht gelungen sei, ein optimales Gleichgewicht zwischen direkter und repräsentativer Demokratie zu erzielen.[369]

Besonders kritisiert wird der Themenausschluss zur Bauleitplanung gemäß § 32 Abs. 2 Satz 2 Nr. 6 NKomVG, da es sich hierbei um ein essenzielles Themenfeld der örtlichen Gemeinschaft handelt.[370] In Baden-Württemberg sind gemäß § 21 Abs. 2 Nr. 5 der Gemeindeordnung für Baden-Württemberg (BW GemO) die verfahrenseinleitenden Beschlüsse zu Bauleitplänen und örtlichen Bauvorschriften seit 2015 nicht mehr im Negativkatalog enthalten.

---

369 Vgl. Wefelmeyer in PdK-Nds., § 32 NKomVG, Rn. 20.

370 Vgl. Rehmet, 2016, S. 19 f.

In einigen anderen Bundesländern wird die Bauleitplanung auch vollständig zugelassen.[371]

Niedersachsen rechtfertigt den Ausschluss unter anderem durch das bereits vorgeschriebene formelle Verfahren der Bürgerbeteiligung.[372] Allerdings bietet dieses Recht zur Beteiligung lediglich eine eingeschränkte Vergleichbarkeit mit einer autonomen Entscheidungsmöglichkeit. Rehmet argumentiert, dass das Beteiligungs- und Abwägungsverfahren im Bauplanungsprozess Bürgerbegehren und Bürgerentscheid nicht widerspricht, sondern diese sogar ergänzen kann. Bundesländer ohne diesen Themenausschluss verzeichnen in der Praxis nur wenige Schwierigkeiten.[373] Obwohl Bürgerbegehren in Ländern, die diese nicht ausschließen, einen thematischen Schwerpunkt darstellen, haben Gesetzgeber anderer Bundesländer in einem zulassenden rechtlichen Rahmen einen Ausschluss zuletzt nicht erwogen oder zumindest nicht inhaltlich begründet.[374]

Diverse Formen der Bürgerbeteiligung können zu unterschiedlichen und voneinander abweichenden Willensbekundungen der Bürgerschaft führen. Das parallele Bestehen mehrerer Verfahren könnte anderseits zu einer unzumutbaren Verzögerung des Gesamtprojekts beitragen.[375] Die Vereinfachung komplexer Fragestellungen könnte gegen das Abwägungsgebot verstoßen, und fachrechtliche Anforderungen könnten nicht stets erfüllt werden. Das Abwägungsgebot stellt aber kein obligatorisches Hindernis dar. Anstelle eines generellen Ausschlusses könnte im jeweiligen Einzelfall die Vereinbarkeit der Fragestellung mit diesem Gebot überprüft werden.[376] Die daraus resultierenden umweltpolitischen

---

371 Vgl. Rehmet, 2016, S. 3.

372 Siehe im Einzelnen Abschnitt 4.1.6.6.

373 Vgl. Rehmet, 2016, S. 7 f.

374 Vgl. Mehr Demokratie e.V., 2023, S. 22.

375 Vgl. OVG Lüneburg, Beschl. v. 17.12.2004, Az. 10 LA 84/04, KommJur 2005, S. 52 (52).

376 Vgl. VGH München, NVwZ-RR 2005, S. 209.

Auswirkungen sind häufig von hoher Relevanz in öffentlichen Diskussionen.[377] Vor diesem Hintergrund ist der Ausschluss dieses bedeutsamen Themas rechtspolitisch fragwürdig.[378] Grundentscheidungen im Vorfeld eines Planungsverfahrens und solche, die die Umsetzung nur berühren, könnten durch den Gesetzgeber in einem ersten Schritt ausdrücklich zugelassen und evaluiert werden.[379]

Die rechtlich festgelegte Bindungswirkung erfolgreicher Bürgerentscheide erfährt im wissenschaftlichen Diskurs Kritik. Aufgrund dieser speziellen rechtlichen Konsequenz wird der Bürgerentscheid nicht nur gleichwertig mit einem Beschluss der Vertretung betrachtet, sondern besitzt eine stärkere verbindliche Rechtskraft, da innerhalb der Bindungsfrist durch die Vertretung keine Modifikationen vorgenommen werden können. Hierdurch könnte der Eindruck entstehen, dass ein Bürgerentscheid eine höhere demokratische Relevanz besitzt als der Beschluss eines Kollegialorgans. Solch eine Regelung tangiert die verfassungsrechtlichen Limitationen, insbesondere, wenn diese außerhalb des Gesamtkontextes der Norm interpretiert wird. Dies könnte dem konstitutionell geforderten Primat der repräsentativen Demokratie auf kommunaler Ebene widersprechen. Gleichwohl wird aus Gründen der Transparenz und Bürgerfreundlichkeit vorgeschlagen diese Regelung zunächst beizubehalten. Zwar entsteht aus einem Bürgerentscheid bereits ein gewisser politischer Druck, weshalb die Vertretung eine gegenläufige Entscheidung bereits im Sinne politischer Vernunft überdenken dürfte. Anderseits kann die Abschaffung dieser Regelung ein beträchtliches Konfliktpotenzial eröffnen, was der Akzeptanz- und Befriedungsfunktion in erheblichem Maße schaden könnte.

In Brandenburg gibt es ein Novum bezüglich der zuständigen Behörde für die Prüfung der Zulässigkeit. Dort erfolgt eine inhaltliche

377 Vgl. Wefelmeyer in PdK-Nds., § 32 NKomVG, Rn. 33.
378 Vgl. Wefelmeyer in PdK-Nds., § 32 NKomVG, Rn. 33.
379 Vgl. Durinke u. Fiedler, ZfBR 2012, S. 536.

Differenzierung zwischen initiierenden und kassatorischen Bürgerbegehren. Gemäß § 15 Abs. 2 Satz 1 der Kommunalverfassung des Landes Brandenburg (BbgKVerf) obliegt die Zuständigkeit für die Zulässigkeitsentscheidung von initiierenden Begehren der Kommunalaufsicht, wohingegen bei kassatorischen Begehren die Gemeinde zuständig bleibt, gemäß § 15 Abs. 4 Satz 8 BbgKVerf. Da es sich hierbei um eine gebundene Entscheidung handelt und politische Erwägungen hier nicht miteinbezogen werden dürfen, erscheint eine Differenzierung zwischen initiierenden und kassatorischen Begehren nicht geboten.

Auch in Schleswig-Holstein wird die Kommunalaufsicht weitergehend eingespannt. Hier erfolgt die Beratung der Bürger gemäß § 16g Abs. 3 Satz 6 der Gemeindeordnung für Schleswig-Holstein durch die Kommunalaufsichtsbehörde.

Die Beteiligung der kommunalen Aufsichtsbehörde bietet den Nutzen einer umfassenderen Kenntnis der rechtlichen Gegebenheiten. Aufgrund der häufigeren Anwendung der relevanten Rechtsnormen könnten Entscheidungsprozess und Beratung an weniger Schnittstellen konsolidiert und mit umfangreicherer Expertise durchgeführt werden. Die gegenwärtig vom Hauptausschuss getroffene Entscheidung über die Zulässigkeit lässt nur eine geringe Disposition für autonome Entscheidungen zu. Auch unter Berücksichtigung dieses Aspekts erschiene die Intensität einer Intervention durch eine Gesetzesmodifikation im kommunalen Selbstverwaltungsrecht als moderat.

In Bezug auf das Zustimmungsquorum, das für ein Bürgerbegehren notwendig ist, sieht § 25 Abs. 1 Satz 2 der Sächsischen Gemeindeordnung (SächsGemO) in Sachsen inzwischen eine Beteiligung von mindestens 5 % vor. Der Gesetzgeber hat bei der letzten Revision der Norm die Möglichkeit einer abweichenden Regelung in der Hauptsatzung, ein niedrigeres Quorum zuzulassen, gestrichen. Gemäß § 25 Abs. 1 Satz 2 Hs. 2 SächsGemO a. F. betrug das Quorum grundsätzlich 10 % und konnte durch eine Regelung in der Hauptsatzung auf 5 % gesenkt werden. Zwei Vorteile ergäben sich aus einer vergleichbaren Regelung in Niedersachsen: Das

Erfordernis einer Änderung der Hauptsatzung gemäß § 12 Abs. 2 NKomVG erfordert die Zustimmung der Mehrheit der Mitglieder der Vertretung. Dies gewährleistet, dass eine solche Anpassung von einer überwiegenden Mehrheit der repräsentativen Vertreter getragen wird. Überdies könnte die Regelung in der Hauptsatzung während der Wahlperiode eine gewisse Beständigkeit bieten. Die vormalige Regelung in Sachsen stärkte das kommunale Selbstverwaltungsrecht. Kommunen hatten die Autonomie, gemäß ihren spezifischen Anforderungen zu entscheiden, welches Zustimmungsniveau innerhalb ihrer örtlichen Gemeinschaft angemessen ist. Kommunen konnten dabei individuelle Faktoren, beispielsweise die Wahrnehmung ihrer Bürger als kohäsive Gemeinschaft und die Größe der Kommune, berücksichtigen. Der Gesetzgeber könnte zum Beispiel ein Mindestquorum von 5 % vorschreiben, um weiterhin politische Relevanz und demokratische Legitimität sicherzustellen. Denkbar wäre ebenfalls ein gestaffeltes Mindestquorum, das sich nach der Einwohnerzahl richtet.

Die verkürzte Einreichungsfrist von drei Monaten für kassatorische Begehren stellt eine besondere Herausforderung für die Initiatoren dar. Aufgrund der spezifischen Regelung des Fristbeginns muss während dieses Zeitraums nicht nur das Bürgerbegehren vollständig ausgearbeitet werden, sondern auch die Erstellung der Kostenschätzung durch die Kommune führt zu einem Zeitverlust. Der Gesetzgeber hat hier intentionell eine höhere Hürde implementiert, um die Rechtssicherheit und letztlich die Funktionsfähigkeit der Kommunalverwaltung zu gewährleisten. Ein rechtspolitischer Ansatz könnte jedoch sein, die Frist analog zu initiierenden Begehren während der Dauer der Kostenschätzung durch die Kommune auszusetzen. Hierdurch würde der politische Druck auf die Kommune gemindert, welche stets das Spannungsfeld zwischen Genauigkeit und Geschwindigkeit der Kostenschätzung ausbalancieren muss. Die Verlängerung der Frist bei kassatorischen Begehren würde somit in den Händen der Kommune liegen.

Vor dem Hintergrund der großen Bedeutung einer umfassenden inhaltlichen Information der Bürgerschaft, damit diese im Bürgerentscheid eine sachgerechte Entscheidung treffen kann, ist in § 21 Abs. 5 BW GemO eine Verpflichtung geregelt, die Auffassung der Kommune zu veröffentlichen oder den Bürgern entsprechende Informationen zuzusenden. Auch die Vertretungsberechtigten dürfen im Sinne einer "Waffengleichheit" ihre Auffassung mit dem gleichen Umfang darstellen. Dies vermag besonders in emotionalen Debatten einen Beitrag zu rationalen Entscheidungen zu leisten, da sich die Kommune an das Sachlichkeitsgebot halten muss.

Ein zentrales Reformanliegen könnte sich durch die fortschreitende Digitalisierung manifestieren. Derzeit ist die elektronische Sammlung von Unterschriften nicht zulässig. Technologisch betrachtet wäre bereits jetzt eine solche Sammlung denkbar. Diese bietet erhebliche Vorteile: Das Bürgerbegehren könnte die Bürger direkt erreichen, unabhängig von räumlicher und zeitlicher Koinzidenz mit der Unterschriftenliste. Darüber hinaus könnte das datenschutzrechtliche Problem adressiert werden, dass Bürger zuvor geleistete Unterschriften einsehen können.

Mithilfe elektronischer Auswertungsmethoden erscheint es denkbar, dass Kommunen durch einen Abgleich der Unterzeichner mit dem Abstimmungsverzeichnis unmittelbar feststellen könnten, welche Unterschriften gültig sind. Die Kommunen würden damit in nicht unerheblichem Maße personelle Ressourcen einsparen können.

Ein zentrales Dilemma in der gegenwärtigen Diskussion stellt die Möglichkeit der persönlichen Identifikation dar. Zur Minimierung des Missbrauchsrisikos ist eine adäquate Identifikation und Authentifizierung der betreffenden Individuen erforderlich. Als potenzielle Lösung könnten individuelle Verifikationsprozesse dienen, beispielsweise durch die elektronische Übermittlung einer Ablichtung des Personalausweises. Statt dieses aufwändigen und datenschutzrechtlich nicht unproblematischen Vorgehens, könnte die flächendeckende Implementierung der Online-Funktionen des Personalausweises in der Zukunft als effektive Lösungsstrategie dienen. In der praktischen Umsetzung wäre zudem sicherzustellen, dass die Bürger sowohl die Fragestellung als auch die

Begründung und den Kostendeckungsvorschlag zur Kenntnis nehmen. Ein entsprechender Nachweis könnte durch eine Bestätigung der Kenntnisnahme erbracht werden.

Insgesamt lassen sich demnach verschiedene rechtliche Möglichkeiten aufzeigen. Alle haben gemeinsam, dass der Gesetzgeber diese auf die Erfahrungen der kommunalen Landschaft stützen sollte. Soweit ersichtlich gibt es keine amtlichen Erhebungen zu Bürgerbegehren und -entscheiden in Niedersachsen. Die Datenbank Bürgerbegehren von der Bergischen Universität Wuppertal als Citizen Science Projekt trägt viele Informationen zusammen, hat aber keinen Anspruch auf Vollständigkeit. Des Weiteren könnten einzelne Eintragungen aufgrund einer persönlichen Betroffenheit eine subjektive Färbung aufweisen. Vor diesem Hintergrund wäre eine vollständige Erhebung der Bürgerbegehren und -entscheide in einem gewissen Berichtszeitraum zur Evaluation der Rechtslage eine geeignete Informationsquelle, um die Notwendigkeit und das Ausmaß weiterer juristischer Anpassungen fundiert feststellen zu können.

## 8. Fazit

Die Bürger sowie die Kommunalpolitik stehen bei Bürgerbegehren und Bürgerentscheiden vor großen Herausforderungen, insbesondere bei der Initiierung und Bewertung von Bürgerbegehren. Detaillierte Regelungen, die bisweilen durch die Rechtsprechung weiter konkretisiert werden, sind zu berücksichtigen. Die wiederkehrenden rechtlichen Änderungen komplizieren den Prozess weiterhin, insbesondere wenn keine praktischen Erfahrungen vorliegen.

In der jüngeren Historie ist die Anzahl von Bürgerbegehren in Niedersachsen tendenziell gestiegen. Daraus lässt sich einerseits das Interesse der Bürger an direktdemokratischen Entscheidungen erkennen. Auf der anderen Seite steigt auch die praktische Bedeutung an. Gab es im Jahr 2017 noch zwölf initiierte Verfahren, waren es im Jahr 2019 insgesamt 33 Bürgerbegehren. Hinzukommen noch die Begehren, die nur diskutiert, aber am Ende nicht eingereicht wurden. Dieses Niveau konnte seit Beginn der COVID-19 Pandemie jedoch noch nicht wieder erreicht werden. In den Jahren 2022 und 2023 wurden ausweislich der Datenbank Bürgerbegehren acht bzw. neun Verfahren eingeleitet, wobei hier möglicherweise noch nicht alle Begehren eingetragen wurden.[380]

Bezüglich der direktdemokratischen Instrumente und ihrer Vorzüge und Nachteile erweist sich, dass die positiven Aspekte überwiegen, solange Risiken bewusst angegangen werden. Ein von den Bürgern getroffener Sachentscheid kann die Akzeptanz erhöhen, nicht zuletzt aufgrund des transparenten Verfahrensablaufs. Dennoch gibt es Szenarien, in denen das Vertrauen in die kommunale Demokratie Schaden nehmen kann. Insbesondere wenn der Hauptausschuss die Unzulässigkeit eines Bürgerbegehrens feststellt oder wenn ein Bürgerentscheid nicht erfolgreich ist, obwohl die Mehrheit dafür gestimmt hat.

---

380 Eigene Auswertung mithilfe Bergische Universität Wuppertal, https://www.datenbank-buergerbegehren.info/ (zuletzt geprüft am 27.11.2023).

In diesem Kontext erweisen sich ein profundes Verständnis der Rechtslage und ein kooperativer, wertschätzender Umgang als unerlässlich. Einige Probleme könnten vorab kommuniziert oder sogar gelöst werden. Die Beratung durch den Hauptverwaltungsbeamten ist besonders relevant. Anstatt einer rein formalen Beratung könnte die Kommunalverwaltung die Initiierung eines zulässigen Bürgerbegehrens unterstützen.

Der Gesetzgeber hat die fortwährende Aufgabe, das Verhältnis zwischen repräsentativer und direkter Demokratie auszubalancieren. Die Gesetzgebungshistorie veranschaulicht die Bemühungen um ein ausgewogenes Verhältnis. Der Gesetzgeber hat zwar einige Hürden gesenkt, andere jedoch erhöht. In der jüngsten Zeit rücken wiederum die Kosten mehr in den Fokus, wobei nun die Kommune die Verantwortung für die Kostenschätzung trägt.

Der Koalitionsvertrag der Landesregierung kündigt weitere rechtliche Änderungen an. Bei künftigen Regelungen könnten sich einige der in Kapitel 7 dargestellten Reformüberlegungen widerspiegeln. Insbesondere die wachsende Digitalisierung lässt bedeutsame Anpassungen, wie beispielsweise die elektronische Sammlung von Unterschriften, in der mittelfristigen Zukunft als realistisch erscheinen.

Bei Bürgerbegehren und Bürgerentscheiden ist ein inhärentes Spannungsverhältnis zwischen Bürgerschaft und Kommune festzustellen. Sollte dieses Spannungsverhältnis zu stark strapaziert werden, verfügen besonders die Vertretungsberechtigten über rechtliche Schutzmöglichkeiten, die in der Regel ein Eilverfahren erfordern. Ein respektvoller, kooperativer Umgang zwischen den beteiligten Parteien kann jedoch die Inanspruchnahme umfangreicher rechtlicher Schritte verhindern.